Christian Ludwig Konschewski

Jette:
Alzheimer für Einsteiger

AF239164

Christian Ludwig Konschewski

Jette:

Alzheimer für Einsteiger

Erinnerung

Über den Autor:

Christian Ludwig Konschewski wurde 1964 geboren, studierte Nachrichtentechnik mit Informatik und arbeitete erfolgreich als Manager, bevor er sich entschied seiner inneren Stimme zu folgen und als freier Fotograf und Autor Geschichten aus dem realen Leben in Bild und Wort zu erzählen. Sein literarisches Erstlingswerk, Jette: Alzheimer für Einsteiger, entstand, weil er selbst keinen praxisorientierten Ratgeber zum Thema Alzheimer fand, der ihn, neben vielen organisatorischen und administrativen, auch speziell bei seinen persönlichen Herausforderungen unterstütze, als seine Tante an daran erkrankte.

Impressum:

Bibliografische Information der Deutschen Nationalbibliothek: Die Deutsche Nationalbibliothek verzeichnet diese Publikation in der Deutschen Nationalbibliografie; detaillierte bibliografische Daten sind im Internet über http://dnb.dnb.de abrufbar.

Die automatisierte Analyse des Werkes, um daraus Informationen insbesondere über Muster, Trends und Korrelationen gemäß §44b UrhG („Text und Data Mining") zu gewinnen, ist untersagt.

© 2025 Christian Ludwig Konschewski

Lektorat: Anna Eckhold (www.lektorat-eckhold.de)
Korrektorat: Anna Eckhold & Petra Reiß
Weitere Mitwirkende: Katharina & Christian Hörbe
Cover-Foto: Christian Ludwig Konschewski

Verlag: BoD · Books on Demand GmbH, Überseering 33, 22297 Hamburg, bod@bod.de

Druck: Libri Plureos GmbH, Friedensallee 273, 22763 Hamburg

ISBN: 978-3-8192-9590-4

„Weißt du noch wohin wir fahren Thomas?" – „Neee."

(aus dem Film "Dear Memories – Eine Reise mit dem Magnum-Fotografen Thomas Höpker")

Prolog

Dass ich in diesem Buch Jettes intime und persönliche Lebens- und Krankheitsgeschichte erzähle und damit leider so oft indiskret werde, ist ganz im Sinne dieser großzügigen und hilfsbereiten Frau.

Auch wenn ich beim Schreiben ab und an unterm Schreibtisch ihre Tritte am Schienbein spüre, und sie dabei sagen höre „Das kannst du doch nicht von deiner ol´schen Tante schreiben!", bin ich doch absolut sicher, sie wäre sehr froh, ihren kleinen Beitrag zum Verstehen ihrer komplexen Krankheit Alzheimer zu leisten.

Waldsolms im Frühjahr 2025
Christian Ludwig Konschewski

Kapitel 1

Stephen King soll einmal gesagt haben, dass Anfänger unter den Autoren lange überlegen, zu welchem Zeitpunkt des Handlungsstrangs ihre Geschichte beginnen soll und sich dann auf den für sie einschneidenden Moment festlegen. Ertappt. Zunächst wählte ich als Einstieg in diese Geschichte jenen Tag im Frühling 2022, als Jette und ich in ihrer Küche saßen, ihre Hand zum Schlüsselbund auf dem Küchentisch ging, ihn nahm und wieder dorthin legte, wo er eine Minute zuvor schon lag. Dann stellte ich Kings Theorie entsprechend fest, dass einem möglichen Leser zu viele Informationen fehlen, um Jettes Geschichte ab diesem Moment verstehen zu können. Also fügte ich Rückblicke ein. Und in diese wiederum erklärende Rückblicke oder Fußnoten. Was ein Nonsens. Eine Geschichte erzählt man von Anfang an. Und besonders dann, wenn das Thema der Geschichte für sich allein schon verwirrend genug ist.

Diese Geschichte beginnt daher am 25. Dezember 1939 in Erlenfließ in Ostpreußen, denn an diesem Tag wurde meine Tante Jette geboren. Ein paar Monate zuvor, am 01. September, begann der zweite Weltkrieg, als Deutschland Polen angriff, um den Versorgungskorridor von Deutschland, durch Polen hindurch nach Ostpreußen, wieder zu öffnen.

„In einem vom Wald umgebenen Dorf in Ostpreußen, stand das Haus, in dem ich geboren wurde. Es war nicht besonders groß oder schön, aber es gefiel gerade so wie es war", schrieb sie in einem Schulaufsatz im Jahr 1956. Das Dorf hieß bis zum 3. Juni 1938 Groß Elxnupönen, dann Erlenfließ und gehörte zur Kreisstadt Labiau mit damals knapp über 6.500 Einwohnern.

Das Haus wurde von Jettes Großeltern mütterlicherseits, Karl und Ida Pitt, erbaut, die sie nie kennenlernte und deren Vorfahren aus England stammen sollen. Auch die Großeltern väterlicherseits starben früh.

Die Großmutter war eine geborene Beutler, deren Vorfahren zu den 20.000 Salzburger Protestanten gehörten, die aufgrund eines Ausweisungserlasses von 1731 ihre Heimat verlassen mussten und im damaligen Preußen aufgenommen wurden.

Ihr Vorname ist unbekannt und sie starb bei der Geburt der Schwester meines Großvaters, die wahrscheinlich Maria hieß. Als kurze Zeit später auch der ebenfalls namentlich unbekannte Vater starb, wurden Otto und Maria Waisen und voneinander getrennt. Nach 1945 muss noch ein letztes Treffen der Geschwister stattgefunden haben, bei dem sie sich im Streit trennten, und mein Großvater Otto weigerte sich bis zu seinem Tod im Jahre 1987, über seine Familie oder Vorfahren zu sprechen.

Mein Familienname Konschewski taucht im deutschen Adelsnamen-Katalog bei einem mittelalterlichen Ritter im Bereich der polnischen Stadt Posen auf und verliert sich dann in der Geschichte, bis er im dritten Reich wieder auf Listen deportierter und ermordeter Juden auftaucht. Alle diese Konschewskis waren jüdischen Glaubens, stammten häufig aus West- und Ostpreußen und starben auf der Flucht ins Ausland, in verschiedenen Konzentrationslagern und auch im Warschauer Ghetto. Wie das alles mit mir und meiner evangelischen Familie zusammenhängt, konnte ich bis heute nicht herausfinden.

Doch zurück zu meiner Tante. Wir nannten sie stets Jette und wie sie diesen Namen bekam, erfuhr ich erst als sie schon sehr krank war. Ihre Mutter, also meine Großmutter, zwang sie stets, sich bei Fremden immer mit einem Knicks vorzustellen und ihren Namen zu sagen. Aus Protest knickste sie artig und sagte dabei aber: „Ich bin die Henriette Pompelmann." Seither nannte sie nur noch die Mutter bei ihrem richtigen Namen, die übrige Familie nannte sie Henriette und später kurz Jette.

Die Kindheit in Ostpreußen war für Jette wunderschön und noch im hohen Alter erzählte sie von dem weiten Blick über die Wiesen und vor allem von ihren geliebten Wäldern.

Im Schulaufsatz schrieb sie weiter „[…] unvergesslich sind für mich die Sonntagsspaziergänge mit meinen Eltern. Wir wanderten an Wiesen und Weiden entlang, auf denen Kühe und Pferde grasten, gingen über kleine wacklige Brücken, die über klare, plätschernde Bäche führten, an Kornfeldern vorbei, aus denen das klare Blau der Kornblumen leuchtete. Und dann ging es weiter in den Wald. Alles war so still. Unendliche Stille lag über dem Wald und mir schien es, als könne nichts in der Welt diesen Frieden zerstören."

Ihr Vater arbeite im Forstamt, war als junger Mann während eines Praktikums bei der Schichauer Werft in Königsberg verunglückt und konnte daher nicht gut laufen. Ich erinnere mich, dass er mit zunehmendem Alter immer schlechter und irgendwann nur ganz langsam und unsicher mit zwei Krücken gehen konnte.

Über das, was meiner Familie in den letzten Kriegsjahren und auf der Flucht widerfuhr, kann ich teils nur spekulieren, weil sowohl Jette als auch mein Vater mir gegenüber immer wieder nur Andeutungen machten.

Die Wochen vor der Flucht aus Ostpreußen waren wohl von Angst geprägt. In den Wäldern waren die russischen Flintenweiber und schossen aus dem Hinterhalt auf die Deutschen. Daher entwickelte sich bei Jette, bei aller Liebe zum Wald, die Angst, allein in diesen zu gehen.

Mein Vater erzählte mir von seinem Klassenkameraden, der vor seinen Augen und in der offenen Haustür des Elternhauses stehend, von einem dieser Flintenweiber mit einem Schuss direkt zwischen die Augen erschossen wurde. Seine Mutter hatte den bettelnden russischen Frauen am Tag zuvor an jener Haustür Essen verweigert. Das Verhältnis meines Vaters zu den russischen Zwangsarbeitern, die in den umliegenden Bauernhöfen einquartiert wurden, war gut.

Seiner Meinung nach waren die deutsche und russische Seele eng miteinander verwandt, während seine Sicht auf die Amerikaner sehr kritisch war.

Er erzählte mir von seinen Kindheitserinnerungen, in denen er mit den Russen am Lagerfeuer saß, deren traurigen Liedern lauschte und von den makellosen Zähnen dieser Männer, die keine Zahnbürsten kannten aber auch keinen Zucker aßen und statt Süßigkeiten stets Getreidekörner aus ihren Hosentaschen naschten.

Mein technikbegeisterter Großvater war nicht nur einer der ersten Automobilisten in Ostpreußen, er baute auch Radios und hörte heimlich Feindsender. So dokumentierte er den immer näher rückenden Frontverlauf voller Sorge auf einer Landkarte und baute im Wald hinter dem Haus aus einem Stolperdraht, einem Staubsauger und einem Signalhorn eine Art Alarmanlage, für den Fall der Fälle. Es muss heftige Streitereien zwischen ihm und seiner Schwägerin Elisabeth, die nach wie vor an den Endsieg glaubte, gegeben haben. Fliehen durften die Ostpreußen, selbst als die Stalinorgeln schon zu hören waren, nicht.

Sie flohen sehr spät, da der nationalsozialistische Gauleiter Erich Koch die Flucht verbot und im Rundfunk „Wer den Hof verlässt, verliert den Besitz!" propagierte. Auch jegliche Fluchtvorbereitung war streng verboten und wurde als Zersetzung des Verteidigungswiderstandes geahndet. Ein prägendes Ereignis für Jette, denn noch als alte Frau sprach sie voller Zorn und Abscheu über diesen Mann.

Jette berichtete in einem späteren Brief von den letzten Wochen in Ostpreußen, als ihre Mutter weinend am Küchenschrank gelehnt stand und ihr Vater versuchte sie zu trösten. Die Eltern hätten sich oft gegenseitig ängstlich und besorgt angeschaut, wenn sie das immer näherkommende dumpfe Dröhnen der Kanonen hörten. Die Front konnte man, laut den Berichten anderer ostpreußischer Landsleute, bereits seit September 1944 hören.

Der offizielle Befehl zur Flucht erfolgte Mitte Januar 1945 durch die Kreisleitungen der NSDAP.

Am Abend des 15. Januar flohen meine Großeltern Otto und Emmi Konschewski mit ihren Kindern, bei eisiger Kälte von minus 20 Grad Celsius und hohem Schnee, vor der heranrückenden Roten Armee. Meine Großmutter legte noch den Haustürschlüssel unter die Fußmatte, damit beim Zutritt ins Haus die Haustür nicht beschädigt werden musste, und Jette zerriss es das Kinderherz, weil sie ihr geliebtes Kätzchen „Mohrchen", schwarz mit weißen Pfötchen, zurücklassen musste.

„Wir fuhren in einem offenen Viehwagen in Richtung Labiau. Jetzt waren wir auch Flüchtlinge. Ununterbrochen schluchzte neben uns eine alte Frau. Schaurig klang das Lied ‚Nun ade, du mein lieb' Heimatland', angestimmt von der Tochter des Bürgermeisters Schöhoff, auf einer alten Mundharmonika gespielt und von zitternden Stimmen gesungen, aus denen all die Not und das Elend drang, durch die sternklare Nacht. Unaufhörlich sausten die Tieflieger über unsere Köpfe dahin. Langsam fuhr der Zug an dunklen Wäldern und leeren Dörfern vorbei. Kinder schrien vor Kälte und Hunger, Mütter weinten, weil sie nicht helfen konnten. Oft blieb der Zug auf freier Strecke stehen, manchmal stundenlang. Als er endlich langsam in unserer Kreisstadt einlief, sahen wir, wie sich der Himmel hinter uns blutrot färbte. Dort brannte es. Das war meine Heimat."

In Labiau übernachtete die Familie zunächst bei der anderen Schwester meiner Großmutter, Auguste Preuß und deren Ehemann. Im Gepäck hatte meine Großmutter unter anderem Würfelzucker und Baldrian, die sie später, bei einem heftigen Angriff von Tieffliegern, an alle Beteiligten verteilte. Mein Großvater schleppte einen Koffer, gefüllt mit Akten der Forstkasse, deren Leiter er in Liebenfelde (später Mehlaucken) war, mit sich. Darunter waren auch Aufzeichnungen zu den Sparbüchern aller Bewohner der Gemeinde.

Er war nach dem Krieg entsetzt, welche Falschangaben diese Menschen hinsichtlich ihres Vermögensverlustes machten und deckte einige Betrugsfälle auf.

Die Rettung weniger Familienfotos ist dem Umstand zu verdanken, dass vor der Flucht ein Herr Müller und ein Herr Gottner aus Rosenheim bei meinen Großeltern einquartiert waren. Die Herren beschworen meine Großeltern, zur Umgehung der Vorschriften zur Fluchtvorbereitung, ihre Wertgegenstände nach Bayern zu schicken, aber Bayern lag aus ostpreußischer Sicht auf der anderen Seite der Weltkugel. Um die freundlichen Herren nicht zu beleidigen, schickten sie Fotoalben und Bücher dorthin, die somit gerettet wurden. Die Freundschaft zwischen meinen Großeltern und Herrn Gottner hielt übrigens bis zu deren Tod.

Dann floh die Familie nach Berlin und wurde dort, laut einer Notiz von Jette, kurzzeitig getrennt, da mein Großvater „[…] getrieben von der Forstverwaltung, nach Letzlingen unterwegs war […].“

Wieder in Berlin vereint, überlebten sie viele Bombenangriffe der Alliierten und fanden nach drei weiteren Monaten auf der Flucht, über Stationen in Reithallen, Schulen und einer privaten Unterkunft in Magdeburg, dann in Letzlingen in der Altmark eine erste dauerhafte Unterkunft.

Die vierköpfige Familie lebte in einem winzigen Zimmer in einem Pfarrhaus, in dem insgesamt schon drei Pastorenfamilien und weitere Menschen auf dem Dachboden untergebracht waren. Die Flüchtlinge wurden nicht gerade mit offenen Armen aufgenommen und kritisch beäugt, trugen sie doch noch immer die Kleidung vom Aufbruch in Ostpreußen und hatten seither kaum eine Gelegenheit zum Waschen gehabt.

Die Flucht überstanden sie zwar lebend, aber viele Ängste und Schrecken haben Jette noch bis ins hohe Alter verfolgt. So blieb die Angst mit der Eisenbahn über Flussbrücken zu fahren, weil damals die Flüchtlingszüge oft von Tieffliegern auf Brücken angriffen wurden. Schon tieffliegende Flugzeuge lösten bei ihr Panik aus. Da mir auch mein Vater von einer Situation mit einem Tiefflieger berichtete, in der er sich, als er schon in die Augen des Piloten sehen konnte, mit einem Sprung in den Graben eines Feldweges retten konnte, bin ich sicher, dass beide Geschwister hierdurch eine schwere Posttraumatische Belastungsstörung hatten. Mein Vater war damals 10 und meine Tante 5 Jahre alt.

Wie überall in Deutschland, war jeder Tag ein Kampf ums Überleben. Meine Großmutter molk täglich für eine Kanne Milch mit anderen Frauen Kühe für die russischen Besatzer und stopfte für einen Teller Graupen Bettlaken für das im Jagdschloss Letzlingen untergebrachte Krankenhaus. Graupensuppe aßen weder Jette noch mein Vater ihr ganzes Leben noch einmal, aber Jette sprach immer davon in Letzlingen eine schöne Kindheit voller Freiheit gehabt zu haben.

1946 wurde sie zusammen mit ihrer besten Freundin Hannelore eingeschult und die Freundschaft der zwei hielt ein Leben lang.

So auch Jettes Interesse an Flora und Fauna, das von einem älteren Herrn, einem jener Dachbodenbewohner, geweckt wurde, der sie mit in den Wald und in die Pilze nahm.

„Ich hatte eine schöne Kindheit, wir wohnten dicht am Wald und wir hatten so viel Freiheit. Gut, wir mussten Gänse hüten und Kaninchenfutter suchen, aber was war das schon! Die Gänse fraßen einmal ein Mohnfeld leer und torkelten dann über Mamichens Beete [...]", schrieb Jette viel später in einem Brief.

Familiär gab es zunehmend Reibereien und Streitigkeiten, sowohl zwischen Jette und ihrer Mutter als auch zwischen Vater und Mutter, die typisch ostpreußisch „Väterchen" und „Mamichen" genannt wurden. Jette erzählte oft, dass ihr Mamichen sehr streng war und Väterchen „Lass uns spazieren gehen" zu ihr sagte, wenn die Mutter wieder einmal unerträglich wurde. Anlass für deren schlechte Laune waren wohl oft Bagatellen. Es gab Ärger, wenn Jette nicht fleißig genug Klavier übte oder eines der Kinder seinen Teller nicht leer aß.

Mein Vater erzählte mir, dass er als Kind auf dem Dachboden eingesperrt wurde, bis er seinen Teller mit der verhassten Graupensuppe leer gegessen hatte. Aber er aß sie nicht selbst, sondern verfütterte sie an eine Katze.

Doch der Teller war zu sauber abgeleckt, der Schwindel flog auf und so erfolgte die nächste Strafe.

Jette erinnerte sich im hohen Alter daran, dass eine der Auseinandersetzungen mit ihrer Mutter wegen der Note 2 im Rechnen ausgelöst wurde, denn ihre Freundin Hannelore hatte die Note 1.

Der Verlust des Elternhauses belastete meine Großmutter wohl sehr.

Sie war die Tochter eines angesehenen Fleischers, genoss vor dem Krieg einen bescheideneren Wohlstand und berichtete oft von dem eigenen Garten, der achtspännigen Kutsche, mit der man zur Hochzeit gefahren sei, und von dem abgehangenen, vorzüglichen Fleisch in der Metzgerei ihres Vaters. In Letzlingen züchtete mein Großvater Kaninchen und sie waren das einzige Fleisch was auf den Teller kam.

Die Wertsachen, die Ende 1944 in Ostpreußen offiziell verpackt, abgeholt und gen Westen transportiert wurden, kamen irgendwann im Lager Ludwigslust an.

„Ich weiß nicht, ob die Eltern wussten, wohin die Sachen kamen oder ob sie darüber benachrichtigt wurden.

Jedenfalls machte sich Väterchen irgendwann von Letzlingen aus auf nach Ludwigslust. Per Rad, mit großem Rucksack; die Eltern wollten ein paar Sachen gegen Lebensmittel tauschen. Wir freuten uns schon und sahen uns die schönsten Dinge ertauschen. Und dann kam Väterchen müde und kaputt zurück – der Rucksack war leer – alles geplündert."

Ihr Vater muss viel mit dem Rad unterwegs gewesen sein, denn er fuhr nicht nur die 100 km zum Lager in Ludwigslust, er besuchte auch per Rad jene Familie Preuß, die nun im 240 km entfernten Herford lebte.

Bei einem dieser Besuche wurde er auf dem Rückweg, beim Grenzübertritt, von den Russen verhaftet, für zwei Tage inhaftiert und streng verhört. Fortan beobachtete man die Familie mit den „Westkontakten" genau. Väterchen hatte inzwischen eine Anstellung als Leiter der Forstkasse gefunden, sie durften eine Wohnung in dem Forsthaus beziehen und der Familie ging es finanziell etwas besser, auch wenn man damals kaum etwas kaufen konnte.

Als er Meldung erstattete, dass einer seiner Mitarbeiter, ein Parteibonze, Gelder unterschlagen hatte, wurde er, anstelle des Diebes, zusammen mit seiner Frau vorgeladen. Man warf den beiden ihre Westkontakte vor und sprach von ihrer Inhaftierung und einer Heimunterbringung der Kinder.

Noch am Abend wurde zusammen mit dem Pastor, Herrn Dell, der Plan zu einer erneuten Flucht geschmiedet, die am nächsten Tag stattfinden sollte. So fuhr mein Vater, wie jeden Morgen, aber mit Wäsche statt Schulbüchern im Ranzen, zur Oberschule nach Gardelegen.

Dorthin fuhr, mit dem Rad, auch mein Großvater zu seinem Amt, in seiner Aktentasche Wäsche statt Akten. Jette machte mit ihrer Mutter offiziell einen Ausflug nach Haldensleben, um sich einen schönen Tag zu machen. Auch ihre Taschen waren voller Wäsche. Und so verließen sie das Haus. Vom Treffpunkt am Bahnhof in Haldensleben aus wanderte die Familie los und machte am 04. Dezember 1949 „rüber nach Westen".

Der bestochene Russischlehrer meines Vaters lenkte bei Nacht und Nebel noch eine plötzlich aufgetauchte russische Grenzpatrouille ab.

Jette erinnerte sich in den 80er Jahren noch daran, ein sehr matschiges Feld überquert zu haben und abends völlig verdreckt in der Bahnhofsmission in Helmstedt angekommen zu sein. Ihr machte es jahrelang zu schaffen, sich damals nicht von ihrer Freundin Hannelore verabschiedet zu haben.

Kapitel 2

Über das Auffanglager Friedland kam die Familie nach Herford, eine Kleinstadt in Ostwestfalen mit damals ca. 50.000 Einwohnern, wo sie eng zusammengepfercht, mit insgesamt sieben Personen, in der kleinen Wohnung der Familie Preuß wohnten.

Mein Großvater liebte immer noch das Radfahren, unternahm mit meinem Vater viele Radtouren zum Hermannsdenkmal im Teutoburger Wald und arbeite zunächst als Nachtwächter, für monatlich 80 DM, bei den Engländern. Herford lag in der britischen Besatzungszone. Später verdiente er als Lohnbuchhalter bei einem Bettenhersteller etwas besser. Alle anderen Familienmitglieder mussten auch mit anpacken: Mein Vater jobbte in einer Konditorei und bekam, neben seinem kleinen Verdienst, auch sämtliche Kuchenränder mit nach Hause. Jette half in einem Krankenhaus und ließ nicht gegessene Brote für zu Hause in ihre Kitteltaschen rutschen. Meine Großmutter half in einer Schneiderei, nähte dort Kleider mit Puffärmeln und sorgte so nebenbei für Jettes lebenslange Abneigung gegen genau diese Kleidungsstücke.

Als Lichtpunkt ihrer damaligen Schulzeit bezeichnete Jette ihre Lehrerin Fräulein Dr. Hildebrandt, die vor dem Krieg Lektorin des Verlages Gräfe und Unzer in Königsberg war. Sie begeisterte Jette nachhaltig für Kunst und Literatur. Ihre Schulzeit endete mit dem Realschulabschluss und in diesem Moment platzten auch ihre Träume. Jette hätte gerne studiert, wie ihr Bruder, aber ihre Eltern konnten sich die finanzielle Unterstützung für ein zweites Studium nicht leisten.

Daher sollte sie einen sicheren Beruf erlernen. Und was war am sichersten? Eine Beamtenlaufbahn. Deren verpatzten Start bei der Post, wo eine Patentante als Postbeamtin arbeitete, beschrieb Jette in einem späteren Brief wie folgt: „[…] meine Mutter begleitete mich zum Bewerbungsgespräch.

Wie dieses Gespräch verlief, kann man erahnen: der Postmensch fragte mich nämlich zum Schluss, ob ich denn Lust hätte zu dieser Ausbildung und ich antwortete klar, deutlich und erleichtert: Nein!"

Während mein Vater in Friedberg (Hessen) Elektrotechnik an der Ingenieurschule, damals als „Polytechnikum" bezeichnet, studierte und nebenbei Taxi fuhr, dort meine Mutter auf einem Verbindungstreffen zum Nikolaustag kennenlernte und sie im Dezember 1963 heiratete, blieb Jette in Herford zurück und musste sich nun selbst einen Ausbildungsplatz suchen.

Kunst und Literatur interessierten sie am meisten, doch in diesem Bereich eine Lehrstelle zu finden war absolut aussichtslos. Biologie und Chemie fand sie auch sehr interessant und so packte Jette ihre Zeugnisse zusammen und wurde bei dem ihr aus der Zeitung bekannten Labor von Dr. Krone vorstellig. Eine Ausbildungsstelle konnte auch er ihr nicht anbieten, dafür aber einen Arbeitsplatz für 15,- DM monatlich. In dem Institut hatte Jette laut eigener Aussage viel Spaß bei der Arbeit und konnte sehr viel lernen, weil Dr. Krone sie in den unterschiedlichsten Abteilungen einsetzte.

Aber sie wollte raus – raus aus Herford, raus aus der elterlichen Wohnung. Sie wollte ein eigenes Zimmer und ein eigenes Leben haben. Dabei hatte sie die Planungen der Mutter nicht berücksichtigt, die ihr damals ganz begeistert von einem Werner berichtete, der um ihre Hand angehalten hatte. Für meine Großmutter der ideale Heiratskandidat, denn er war christlich, stammte aus Ostpreußen und spielte noch dazu in einem kirchlichen Posaunenchor.

Das war zu viel. Dr. Krone gab Jette den Tipp, dass in Nordhorn eine medizinische Untersuchungsstelle eingerichtet werden sollte und man dort noch eine Ausbildung zur medizinisch-technischen Assistentin (MTA) anbieten würde. Eine gut bezahlte Stelle, die Jette auch bekam. Und so setzte sich Jette im April 1960 in den Zug und es ging nach Nordhorn.

Dort begann für Jette ein neues Leben. Sie lernte Reiten, machte den Führerschein und konnte mit ihrer neuen Freundin Ursula europaweit per Anhalter verreisen. Doch die MTA-Ausbildung war teuer, sodass sie nebenher Geld mit Sitznachtwachen, Kekse einpacken bei Bahlsen und Weihnachts- oder Wochenmarkt-Nebenjobs verdiente.

Im September 1967 hatte Jette einen Reitunfall und brach sich die Hand. Glück im Unglück, denn das unerwartete Krankengeld half ihr die Restschulden für ihre Ausbildung abzuzahlen.

Ich muss zugeben, dass ich selbst in Chemie immer eine absolute Niete war. Als ich mich in der Oberstufe auf eine Chemie-Klausur vorbereitete und wieder einmal überhaupt nichts verstand, war Jette zufällig zu Besuch und versuchte mir das alles zu erklären. Googelte man vor ein paar Jahren nach Jettes Namen, fand man noch eine wissenschaftliche Veröffentlichung über irgendwelche Phenylthiohydantoin-Aminosäuren, bei der sie mitgearbeitet hatte. Da fühlte ich mich beim Lesen doch gleich wieder wie jener unwissende Schüler vor seiner Chemieklausur und staunte erneut über das Wissen meiner Tante.

Obwohl ihr die Arbeit im Bereich Biochemie viel Freude machte, entschied sich Jette ab 1973 einige pädagogische Seminare in Frankfurt zu besuchen, um an der Medizinischen Hochschule Hannover (MHH) Chemie und Fachrechnen zu unterrichten.

So genial sie war, so chaotisch konnte sie sein. Als sie sich damals einmal auf dem Rückweg von Frankfurt nach Hannover auf dem Frankfurter Kreuz verfuhr und auf dem Seitenstreifen halten musste, meldete sich die Polizei bei meinen Eltern. Mein Vater wurde gebeten zu kommen und Jette ins Schlepptau zu nehmen, weil diese zu viel Angst vorm Weiterfahren hatte.

Kapitel 3

Jette besuchte uns selten, aber hinterließ dabei dennoch bleibende Eindrücke. Da war das obligatorische Frühstück im Bett mit sogenannten Stapelbroten, bei denen abwechselnd Brot und Beläge, wie Wurst, Käse und Marmelade, zu fast nicht mehr essbaren hohen Stullen anwuchsen. Oder die Geschichten von ihren Reisen, als sie mit ihrer Ente nur rückwärts die Pässe in den Pyrenäen passieren konnte oder als sie in Paris im Kreisverkehr beim Arc de Triomphe festhing. Kurz: Jette war eine wirklich beeindruckende Tante.

Als sie uns einmal Mitte der 70er Jahre besuchte, freute ich mich besonders, denn ich wurde für einen einwöchigen Urlaub in Hannover von ihr abgeholt. Ich wartete schon am Fenster, als sie mit ihrer knallroten Ente Citroën 2CV vor dem Haus parkte und sich nicht darum scherte, dass ihr Auto schief auf der Straße stand. Mein Vater parkte in der Zeit der Pril-Blumen seinen gediegenen beigen Ford Granada Ghia, natürlich mit einem Lederdach, immer hundertprozentig akkurat am Straßenrand.

Für mich, gerade in die Pubertät gekommen und somit prinzipiell anderer Meinung als mein Vater, war meine rebellische Tante die Größte und ich freute mich unglaublich auf die gemeinsame Woche.

Als kleiner Bub hatte mich Jette oft unermüdlich in einem Wäschekorb, mit Hilfe eines angebrachten Seils, durch den Garten der Großeltern gezerrt. Ich war der Kapitän und gab nur Anweisungen, wohin mein Schiff als nächstes segeln sollte. Die Fernsehserie „Graf Luckner", die ich damals häufig bei meinen Großeltern schaute, hatte mich wohl dazu veranlasst. Später, als ich ein Teenager war, sendete mir Jette einfach so das Heft „Asterix und die Goten" per Post zu und initiierte so meine bis heute andauernde Begeisterung für die Comicreihe der unbeugsamen Gallier.

Mein Vater schickte meine Mutter, meine Schwester und mich ein paar Jahre lang jeden Sommer zur Erholung an die Ostsee. Er selbst kam dann nur tage- oder wochenweise mit dazu, weil er viel arbeiten musste, und holte uns dann immer am Ende der Ferien ab. Die Hinreise an die See unternahmen wir stets mit der Bahn und während unser Zug für ein paar Minuten in Hannover hielt, bewirtete uns Jette am Bahnsteig mit heißem Kaffee und Butterlochkuchen aus der angesagtesten Bäckerei der Stadt.

Sie war oft mein Anker in der Familie, denn sie bot meinem Vater die Stirn – was sonst keiner wagte. Als mein Vater einmal spontan auf die Idee kam gemeinsam eine Fahrradtour zu unternehmen und mich anblaffte, weil sein Fahrrad platt und eingestaubt in der Garage stand, ergriff Jette meine Partei und blies ihrem Bruder gehörig den Marsch. Das blieb in meinem Kopf hängen und so wurde Jette meine Verbündete und Vertraute.

Für die knapp 320 km zu ihr nach Hause brauchten wir einen ganzen Tag, und damit viel länger als ich gedacht hatte, denn Jette fuhr prinzipiell über keine Autobahn und wir machten entlang der Landstraße immer wieder an interessanten Orten Rast. Zuerst besichtigten wir die Edertalsperre, aber mit der dortigen Gondel fuhren wir nicht, da Jette vor Jahren in so einer Gondel stecken geblieben war und ihre Angst von diesem Erlebnis noch immer präsent war.

Wo wir auch waren, stets konnte Jette etwas Geschichtliches berichten, ob es sich um einen Gedenkstein am Straßenrand in der Nähe von Hameln handelte, der wegen eines Raubmordes im 19ten Jahrhundert aufgestellt wurde, oder um Sehenswürdigkeiten in anderen Städten auf unserer Route.

Jettes Zuhause in Hannover war ein komplett durchdesigntes Minihaus. Im Erdgeschoss die hochmoderne Küche, das stylische Wohnzimmer und eine Gästetoilette. Im Obergeschoss das Schlafzimmer, ein Gästezimmer und das Badezimmer.

Alles, und wirklich alles im gesamten Haus, war ohne Ausnahme komplett in Schwarz, Weiß und Chrom gehalten. Im Wohnzimmer stand eine Nordmende-Quadrophonie-Musikanlage, bei der man den eigenen Standort, inmitten der vier in den Zimmerecken angeordneten Lautsprecher, mit einer Leuchtdiode einprogrammieren konnte. Damals das absolut Neuste vom Neuen und unglaublich teuer. Zum Vergleich: Ich hatte zu Hause einen einfachen Mono-Kassettenrecorder von ITT-Schaub Lorenz zum Musik hören.

Aber nicht nur das Haus samt Interieur begeisterte mich als Teenager. Wir besuchten das Wilhelm-Busch-Museum und eine Kunstausstellung, an deren Thema ich mich nicht mehr erinnere. Zurück in ihrem Heim bot mir Jette Kaffee an, dabei verwechselte ich unsere Tassen und fand heraus, dass in ihrer Tasse purer Weinbrand statt Kaffee war. Eine Sache blieb mir in diesen Tagen jedoch noch verborgen. Jette war zu dieser Zeit schon lange mit einem Mann zusammen, den sie, als ersten Menschen auf dem Weg nach Nordhorn, zu ihrer Ausbildung zur MTA, kennengelernt hatte, weil er ihr im Abteil gegenübersaß: O. W.

O. W., so wurde er von seinen Freunden als Abkürzung von „Onkel Wilhelm" genannt, war ein toller Mensch, den ich leider erst viel später persönlich kennenlernte. Uns Kindern berichtete er mit seiner sonoren Bassstimme von den neusten Gemüsezüchtungen – Pflanzen bei denen oben Tomaten wuchsen und unten Kartoffeln – oder von Shetland-Ponys, als Ersatz für Rasenmäher. Mir brachte er, mit der typisch hannöverschen Aussprache des „Sp" und „St", das Schachspiel bei. Doch zur Zeit meines Besuchs in Hannover wurde O. W. noch vor mir versteckt. Zu groß war die Angst, ich könnte meiner Großmutter berichten, dass ihre Tochter mit einem Mann zusammen war. Sie hätte diesen deutlich älteren und dazu noch nicht von einer anderen Frau geschiedenen Mann niemals akzeptiert.

Nach der Scheidung machten O. W. und Jette ihre Beziehung publik, sie besuchten uns als Paar bei meinen Eltern in Wiesental und auch meine Großeltern in Herford. Speziell mein Großvater verstand sich gut mit O. W. und auch meine Großmutter hatte sich mit dem Altersunterschied und der wilden Ehe arrangiert.

Als O. W. unheilbar an Lungenkrebs erkrankte, heiratete er, an Sylvester 1976, seine Jette. Als er dann im Sterben lag, bat Jette meine Eltern nach Hannover zu kommen. Aufgrund eines Verkehrsunfalls auf der „Sauerlandlinie" A45 kamen sie nicht rechtzeitig an und O. W. starb vor ihrem Eintreffen, am 8. April 1977, in Jettes Armen. Viele Jahre später erzählte mir meine Mutter, Jette hätte sehr getrauert, überall Fotos von O. W. aufgestellt und viel geweint.

Ihren zweiten Mann Reiner lernte Jette, ihrer eigenen und offiziellen Aussage nach, durch einen absoluten Zufall kennen. Demnach war sie mit ihrer roten Ente auf einen Parkplatz gefahren, wo er bereits mit seinem roten Opel stand. Sie kamen ins Gespräch, waren spazieren gegangen und hatten dann sechs Wochen später geheiratet.

Ende 2022 vertraute mir ihre Freundin Ursula in einem Telefonat an, dass diese Begegnung weder durch Vorsehung noch Zufall, sondern durch eine Heiratsannonce günstig beeinflusst worden war. Wie auch in anderen Situationen, hatte Jette hier eine für sich selbst positivere Darstellung der Ereignisse erfunden, die sie dann irgendwann, durch beharrliches Wiederholen und Erzählen, als Realität ansah.

Wie auch immer, Jette und Reiner lernten sich, ihren Notizen nach, am 26. Mai 1980 kennen und heirateten am 1. August 1980 auf Sylt. Sie hatten zuerst eine Wochenendbeziehung, bis zum 01. April 1981, danach war Jettes Semester an der MHH beendet und sie konnte in den Harz zu Reiner ziehen, der dort als Dozent, und später als Rektor, an einer Technischen Universität arbeitete. Und zu dessen drei minderjährigen Söhnen.

In dieser Zeit hatten wir selten Kontakt und ich gehe davon aus, dass Jette genug eigene Probleme hatte. Bei späteren Besuchen erzählte Reiner von Reibereien zwischen Jette und seinen Söhnen, die bis zu der Verleumdung, sie hätte in Hannover als Prostituierte gearbeitet, reichten.

Reiners erste Frau war 1975 an Multiple Sklerose (MS) verstorben und eine neue Frau an Vaters Seite zu akzeptieren war für die Söhne sicher nicht einfach. Für Jette muss der Wechsel, vom modernen, hippen Hannover in den hinterwäldlerischen, dunklen Harz mit den dortigen langen und schneereichen Wintern einerseits, und von der erfolgreichen Karrierefrau zur Hausfrau und Stiefmutter andererseits, nicht einfach gewesen sein. Zum Shoppen fuhr Jette viele Jahre lang immer in die ihr bekannten Geschäfte nach Hannover und erzählte uns, dass es im Harz keine entsprechenden Einkaufsmöglichkeiten gäbe. 1987 schrieb sie mir in einem Brief, sie nutze diese Ausflüge auch als Auszeit vom Familienleben, zum Besuch ihrer Freundin Ursula und zur Pflege von O. W.s Grab. Zuhause fände sie Entspannung und kurze Momente für sich allein nur, so schrieb sie weiter, bei Spaziergängen durch die Wiesen und Wälder, bei denen sie von ihrer Katze begleitet wurde. Sie dürfen dreimal raten, wie die Katze hieß. Mohrchen.

Jette und Reiner verband besonders die Liebe zur klassischen Musik. Daher besuchte das Paar gerne Konzerte im nahegelegenen Helmstedt, wo Jettes Familie nach der Flucht aus der Ostzone in der dortigen Bahnhofsmission eintraf. Dort arbeitete übrigens nach dem Krieg Reiners Tante Margarethe in der Flüchtlingshilfe und hatte vielleicht auch Jettes verdreckter und aus der Ostzone geflohener Familie geholfen.

Reiner hatte einen schweren Stand, als er meinen Eltern und uns Kindern vorgestellt wurde. Von uns Kindern wurde er, als Nachfolger von O. W., sehr kritisch beäugt und meinen Eltern war er suspekt, weil er ihrer Meinung nach zu viel Wein trank und Jette ständig wie ein Teenager kuschelte und knutschte.

Meine Mutter berichtete erst jüngst voller Entsetzen, dass Jette und Reiner damals völlig ungeniert vor uns Kindern nackt zusammen duschen gegangen waren. Aber Jette habe ja immer schon außergewöhnliche Ideen gehabt.

Kurz nachdem meine Eltern heirateten, hätten sie und Jette nachts einmal ein Einmachglas mit Sauerkirschen aus dem Vorratsraum der Mutter stibitzt und dann, vom Balkon aus, lachend die Kerne möglichst weit gespuckt. Sie waren damals immer so lustig. Es ging so weit, dass mein Vater ab und an auf dem gegenüberliegenden Bürgersteig ging, weil ihm die alberne Schwester und ebensolche Ehefrau peinlich waren.

Zwischen meinem Vater und Reiner kam eine Rivalität auf, die das Verhältnis noch weiter verschlechterte. Jettes Überzeugung nach war mein Vater, als graduierter Ingenieur, neidisch auf Reiners universitären Diplom-Ingenieur. Glaubt man meiner Mutter, prahlte Reiner gegenüber meinem Vater mit dem hochwertigeren Abschluss. Ich tendiere zu Jettes Version, denn als ich selbst Diplom-Ingenieur wurde, beantragte mein Vater aufgrund der damaligen Rechtsprechung, sofort den gleichen Titel.

Kapitel 4

Im Laufe der folgenden Jahre traf ich Jette nur noch sporadisch. Anlässe waren Familienfeiern, wie die goldene Hochzeit meiner Großeltern, deren Geburtstage oder auch der 50ste Geburtstag meines Vaters, der mit vielen Freunden, Mitarbeitern und Verwandten in seiner Firma gefeiert wurde. Damit die Gäste Alkoholisches trinken konnten, wurde ich, als Fahrer eines Busses, für den Transport zum Hotel oder nach Hause eingeteilt. Zuvor wurde ich auf absolute Abstinenz vereidigt. Bei einer der Touren ins Hotel wollten die Individualisten Reiner und Jette lieber im eigenen Auto hinter mir herfahren. Auf dem Weg habe ich sie trotz langsamer Fahrweise verloren und fand sie erst nach Stunden, und einigen weiteren Touren, gut gelaunt auf dem amerikanischen Truppenübungsplatz Winterstein wieder. Über Reiners Erklärung, eine alternative Route gesucht zu haben, lästerte mein Vater noch viele Jahre.

Die beiden Männer waren einfach nicht kompatibel. Bestes Beispiel: Während mein Vater am liebsten auf der linken Spur mit 210 km/h reiste, fuhr Reiner prinzipiell keine Autobahn. Selbst zu den Sommerurlauben in Bardolino am Gardasee, fuhren Jette und Reiner auf Landstraßen, um die Landschaft zu genießen. Und im Frühjahr fuhren sie – ebenfalls über Land- und Nebenstraßen – stets ins Wendland, um die Kraniche zu beobachten.

Als meine Mutter die erste Ausstellung ihrer Gemälde hatte, bat mich Jette um Unterstützung bei ihrer Anreise, da sie, als Überraschung, zur abendlichen Vernissage kommen wollte. Während unserer knapp 45-minütigen Autofahrt vom Bahnhof zur Veranstaltung unterhielten wir uns zum ersten Mal seit Jahren wieder unter vier Augen, redeten sofort über persönliche Dinge und hatten noch immer die gleiche Wellenlänge.

Jette erzählte mir von der Aufgabe ihrer Lehrtätigkeit an der Uni, die sie zuletzt nur noch mit drei Stunden pro Woche ausgeübt hatte. Sie würde aber noch Vorlesungen in Musik von einem dickbäuchigen und sehr lustigen Professor besuchen und an der Volkshochschule Französisch- und Italienischkurse belegen, um geistig fit zu bleiben.

In der Zeit als ich verheiratet war und eigene Kinder hatte, besuchten uns Jette und Reiner nicht, da mein Vater zu gerne im Mittelpunkt stand und sogar verhinderte, dass Besuche bei ihm auch zu einem kleinen Abstecher zu meiner kleinen Familie genutzt wurden.

Als sich meine Frau von mir trennte, nach jahrelangen Rechtsstreitigkeiten aus dem Haus auszog und ein gewolltes Chaos hinterließ, musste ich, bei drohender Zwangsvollstreckung zum Verkauf, alles Aufräumen und Sanieren. Dabei halfen mir meine damalige Freundin und heutige Ehefrau Petra und deren Eltern.

Eines Nachmittags klingelten, während wir alle arbeiteten, ganz unerwartet Jette und Reiner an der Haustür. Sie hätten sich bei meinen Eltern davongeschlichen, um mich zu sehen und Petra kennenzulernen. Reiner feixte, dass mein Vater derweil bestimmt schon ungeduldig auf der Straße stände und auf die Uhr schauen würde, wo sie denn blieben und dass es ja pünktlich um halb sieben Abendessen gäbe. Dabei gab er uns nebenbei einen Gutschein einer nahegelegenen Pizzeria. Für uns etwas Besonderes, denn damals machten wir eine schwere Zeit durch und hatten kein Geld zum Essengehen.

Im Laufe der Jahre wurde unser Kontakt zu Jette und Reiner wieder intensiver und bei meinen Besuchen im Harz begleitete mich nicht nur Petra, sondern auch mal meine neuen Schwiegereltern oder meine Stieftochter Katharina.

Das Haus im Harz war auf den ersten Blick der komplette Gegensatz zu dem kühlen, nüchternen und stylischen Haus in Hannover.

Hier war jetzt alles in Erdfarben gehalten, mit antiken Möbeln, viel Dekoration, mit zarten Mobiles, aufgeschichteten, von Reisen mitgebrachten Steinen, mit Gräsern in Vasen, überall platzierten kleinen Spieluhren, vielen Gemälden an den Wänden, dazu alte Pendeluhren, flauschige Berberteppiche auf dem Parkettboden und vor allem sehr vielen Büchern.

Auf den zweiten Blick erkannte ich jedoch nicht nur in der durchgängig weißen Wandfarbe Jettes Stil in Hannover. Auch dieses Haus war in allen Zimmern bis ins Detail durchgestylt. Eben nur ganz anders. Der Garten war damals picobello angelegt und gepflegt. Es gab eine Einfahrt mit weißen Kieselsteinen, zwei kleine Teiche im Vorgarten und mehrere Sitzgelegenheiten unter ausladenden Bäumen. Der eigentliche Garten hatte Sitzgelegenheiten auf der ebenfalls mit Kies befestigten Terrasse und unter einer zentral auf der Rasenfläche gepflanzten Eibe. Seltene Blumen wie wilde Orchideen und auch gelber Mohn wuchsen in Beeten und auf den Rasenflächen. Der Gärtner wurde angewiesen um die Blumen herum den Rasen zu mähen und vor dem Jäten wurde das Unkraut von Jette gekennzeichnet.

Im Harz war stets alles entspannt, wir fühlten uns sehr wohl, führten viele Gespräche und tauschten uns immer vertrauter auch zu persönlichen Dingen aus. Dabei wurden weder mein komplizierter Vater, noch Reiners schwierige Beziehung zu seinen Söhnen oder auch meine schwierige Scheidung ausgespart. Wir erfuhren, dass meine Mutter, oft täglich und heimlich, bei Jette anrief, um ihren Kummer über meinem Vater loszuwerden.

Diese Vertrautheit zwischen uns allen führte dazu, dass Reiner uns darum bat für Jette zu sorgen, wenn er einmal sterben sollte. Wir erfuhren, dass die beiden für sich schon vor vielen Jahren einen Baum auf dem Friedwald im Elm, dem größten Buchenwald Norddeutschlands, erworben hatten.
Dort war schon der gemeinsame Freund Bernd, Ehemann von Jettes Freundin Ursula, begraben, weil dies sein letzter Wunsch gewesen war.

Unser letzter Besuch bei den Beiden im Harz war im April 2016, wenige Wochen vor Reiners Tod. Da es ihm kontinuierlich schlechter ging, war es lange ungewiss, ob wir uns noch würden sehen können.

Jette war im Nachhinein sehr überrascht, wie gut es Reiner an dem Tag unseres Besuches dann doch ging und schrieb es dem Umstand zu, dass er sich sehr über das Wiedersehen freute.

Wie so oft saß er in seinem geliebten Wintergarten im Sessel, erzählte viel aus seinem Leben, seiner Kriegsgefangenschaft bei den Amerikanern, dem Studium, seiner ersten Anstellung in Berlin und seiner Arbeit an der Hochschule. Er bedauerte es, es nicht geschafft zu haben meinem Vater näher zu kommen und so ein solches Gespräch auch einmal mit ihm geführt zu haben. Ich musste ihm nochmals versprechen mich um Jette zu kümmern, wenn er starb.

Mitte Juni 2016 erreichten wir Jette, nach vielen erfolglosen Versuchen, irgendwann auf ihrem Handy. Sie berichtete uns, die ganze Zeit im Krankenhaus bei Reiner gewesen zu sein, da es ihm sehr schlecht ging.

Ein paar Minuten später waren wir auf der Autobahn A5 Richtung Norden unterwegs. Da wir nicht wussten in welchem Krankenhaus Reiner lag, planten wir, unterwegs alle Krankenhäuser im Umkreis anzurufen, um das richtige zu finden. Aber schon bei der ersten Klinik in Osterode waren wir erfolgreich und so klopften wir ein paar Stunden später an die Tür des Zimmers, in dem Jette am Krankenbett sitzend Reiners Hand hielt.

Es war das letzte Mal, dass wir Reiner sahen. Mich erkannte er nicht, aber als Petra seine Hand nahm, wurden seine Augen ganz feucht und er lächelte kurz.

Wieder zu Hause, konnten wir Jette erneut tagelang nicht erreichen und als sie dann doch irgendwann ans Telefon ging, war sie fest davon überzeugt, uns bereits über Reiners Tod informiert zu haben.

In ihrem Tagebuch schieb Jette: „16. Juni 2016: Reiner ist wieder im Kreiskrankenhaus, es geht ihm gar nicht gut – bin den ganzen Tag dort – dann auch nachts – morgens nur schnell zum Waschen nach Haus. Die Ärzte machen mir wenig Hoffnung.

5. Juli 2016: Reiner wird am Spätnachmittag entlassen. Am Morgen des 6ten Juli muss ich Frau Dr. M. Oertel anrufen. Reiner ist im Wohnzimmer im Krankenbett – ich im Sessel daneben – in meinem Arm eingeschlafen."

Der zweite Mann, der in ihren Armen starb. Sie verfiel in eine tiefe Trauer, lud nur eine enge Freundin zur Beisetzung ein und stellte im ganzen Haus Fotos ihres Mannes auf. Bei Telefonaten und Besuchen erlaubte Jette über einen langen Zeitraum kein Lachen oder Fröhlichsein.

Ich bin sicher, dass diese Einsamkeit und Verzweiflung ihrer Alzheimer-Erkrankung einen ersten Schub gegeben haben.

Kapitel 5

Im Mai 2017 saßen wir, bei einem Besuch im Harz, zusammen an Jettes Tisch im Esszimmer und besprachen ausführlich jeden einzelnen Punkt der von uns mitgebrachten Vorsorgevollmacht. Die vor Jahren erstellte gegenseitige Vorsorgevollmacht zwischen Jette und Reiner war hinfällig geworden und Jette hatte uns um Hilfe gebeten.

Das gemeinsame Ausfüllen des Dokuments war für jeden von uns schwer. Besonders für Jette, denn natürlich kamen bei ihr Zweifel und Ängste auf, als sie bei jedem einzelnen Punkt einschätzen musste wie weit das Vertrauen in uns, die zukünftigen Bevollmächtigten, ging. Ihr Vertrauen war enorm, da sie fast alle der Fragen mit einem klaren „Ja" beantwortete. Ihre Ablehnung, Untervollmachten an Dritte ausstellen zu dürfen, zeigte, dass sie ausschließlich uns und sonst niemandem vertraute.

Obwohl jeder von uns damals alle Unterpunkte der Vollmacht vom Wortlaut her verstanden hatte, war zu diesem Zeitpunkt keinem von uns bewusst, welche Tragweite jedes einzelne „Ja" nur fünf Jahre später haben würde, wie kompliziert unsere Versprechen dann umzusetzen und wie schwer alles für Jette nachzuvollziehen sein würde.

Den Nachmittag verbrachten wir zusammen im Friedwald im Elm, suchten Reiners Grab auf und Jette sagte uns, dass sie zwingend rechts neben Reiner beigesetzt werden wolle. Zu den bereits am Baum hängenden Plaketten, einer mit dem Spruch „Alles hat seine Zeit", einer mit Reiners Namen, seinem Geburtsdatum und Todestag und einer Plakette von Ursulas Mann mit dessen Daten, sollte dann eine weitere Plakette angebracht werden und an Jette erinnern.

Ein paar Tage später war ich nochmals allein im Harz, um auf Jettes Wunsch hin eine Vollmacht für ihr Konto zu erhalten.

Ein wichtiger Schritt, wie wir viel später erkennen mussten, denn durch ihre spätere Handlungs- und Geschäftsunfähigkeit war es nur so möglich, ihre finanziellen Angelegenheiten reibungslos zu regeln.

Solange es keinen Anlass gab, lag die Bankvollmacht in meinem Sekretär, ohne dass wir davon Gebrauch machten. Als wir jedoch anfingen uns Gedanken um Jettes mentale Gesundheit zu machen, ließen wir in Absprache mit der Bank einen Online-Account einrichten, um ein Auge auf ihre Ausgaben zu haben.

Jette litt weiterhin sehr unter dem Tod ihres Mannes und schuf im Haus Altäre mit vielen ausgelegten Fotos von Reiner, dessen kleinen Briefen, Zeichnungen und sonstigen Erinnerungstücken. Reiners Jacken hingen noch dort, wo er sie aufgehängt hatte, die Dinge auf seinem Schreibtisch durften nicht verändert werden und sie war regelrecht eingeschnappt, wenn man im Gespräch auch einmal unbeschwert lachte. Jettes Standard-Bewältigungsstrategie, wenn ich an ihr Verhalten nach O. W.s Tod denke.

Wir waren froh, als Jette nach mehr als zwei Jahren voller Trauer wieder langsam damit begann ab und an auch ohne Reiner ein klassisches Konzert in Helmstedt zu besuchen. Jette besuchte wieder Kunstausstellungen, begann erneut Klavier zu üben, ging wieder zu einem Lauftreff und machte im Alter von 80 Jahren das Sportabzeichen in Gold.

Das freute uns sehr, aber es war auffällig, dass sie lange Zeit einen Besuch in ihrem Zuhause ablehnte und stets Goslar als Treffpunkt vorgab. Davon waren wir gar nicht begeistert, da wir uns bei unseren Treffen gerne davon überzeugt hätten, ob Jette zu Hause allein gut zurechtkam.

Einmal einigten wir uns darauf, dass ich sie zu Hause abholen würde und wir dann gemeinsam nach Goslar führen. Als ich ankam, erwartete Jette mich schon vor der Haustür, verweigerte mir vehement den Zutritt zum Haus und wollte sofort nach Goslar fahren.

Wir liefen gemeinsam durch dieses bezaubernde Städtchen und steuerten auf direktem Wege ein Café an, um einen Cappuccino zu trinken. Nach dem ersten folgte ein zweiter und dann brachen wir wieder auf. Jette gab allen Bettlern und Musikanten in der Fußgängerzone ein paar Münzen und erklärte mir dann, dass wir nun einen Cappuccino trinken gehen würden.

An diese Situation musste ich Jahre später denken, als Petra Jette aus dem Pflegeheim abholte, um mit ihr einen Cappuccino trinken zu gehen. Als sie diesen getrunken hatten, aufstanden und ein paar Schritte gegangen waren, meinte Jette: „Ach lass uns doch einen Cappuccino trinken gehen!" Wie krank war sie schon damals, so viele Jahre zuvor, in Goslar?

Über die Jahre hatten wir uns gegenseitig Päckchen zu Weihnachten und zum Geburtstag geschickt. Oftmals war in Jettes Päckchen ein Buch vom Inselverlag für mich und für uns alle eine kleine Packung mit feinstem Gebäck, die mich stets an den Butterlochkuchen, an den Bahngleisen in Hannover, erinnerte.

Nach Reiners Tod kamen keine Päckchen mehr, aber immer knapp vor Weihnachten, und letztmalig im Jahr 2019, erreichte uns ein Briefumschlag mit einem Fünfzig-Euroschein:

„Lieber Christian, liebe Petra, ob euch mein Gruß noch rechtzeitig erreicht? Ich möchte euch nämlich gerne (ich weiß – ziemlich spät!!) zum Weihnachtsmarkt-Bummel einladen! Ich wünsche euch jedenfalls schöne – hoffentlich nicht zu anstrengende – Weihnachtstage! Liebe Grüße! Jette"

Kapitel 6

Während der Corona-Beschränkungen ab März 2020 sahen wir Jette kaum noch. In jedem unserer Telefonate berichtete sie uns erneut von ihrer Angst angesteckt zu werden und wie stolz sie darauf sei als einer der ersten Menschen im Landkreis geimpft worden zu sein. War das ein Zeichen für die beginnende Demenz? Petra weist mich auch häufig darauf hin, dass ich ihr etwas schon erzählt habe. Wann fängt es an auffällig zu sein? Wo ist die Grenze? Beim ersten oder ab dem wievielten Wiederholen?

Den Nachbarn fiel auf, dass Jette immer häufiger nachts wegen eines verlegten Hausschlüssels zu ihnen kam. Anfangs gaben Sie Jette den Ersatzschlüssel, aber sie erinnerte sich tags darauf nicht mehr an diesen. So begleiteten sie Jette fortan zur Tür und schlossen ihr auf.

Jette in irgendeiner Form auf ihre Vergesslichkeit anzusprechen führte zu heftigen Auseinandersetzungen, da sie sofort vehement widersprach und sehr zornig wurde. Unsere Anregung, auch einmal an die Zukunft zu denken und vielleicht in unsere Nähe zu ziehen, schlug sie in den Wind und verwies auf eine Nachbarin, die in einem Pflegeheim arbeiten und sich dann um sie kümmern würde.

Man berichtete uns seitens der Nachbarn teils Lappalien, wie zum Beispiel ihr Vergessen, die Tageszeitung, wie seit Jahren üblich, hälftig an einen Nachbarn zu bezahlen. Aber auch vieles Bedenkliches. So erfuhren wir von ihren nächtlichen Spaziergängen durch die Stadt, von ihrem Fauxpas, zu einem Waldspaziergang in Abendgarderobe erschienen zu sein, und von ihrer ständigen Suche nach dem irgendwo in der Stadt geparkten Auto oder Fahrrad.

Besuchten wir Jette, beobachteten wir genau, wie sie einerseits vieles sofort vergaß und andererseits blitzschnell und schlüssig Erklärungen für diese Vergesslichkeit parat hatte.

Als sie uns einmal zum zweiten Mal Benzingeld aufdrängte, begründete sie dies damit, dass sie jedem von uns etwas zukommen lassen wollte. Ein anderes Mal ging es um ihren Hausschlüssel. Jahrelang hatte sie uns diesen verwehrt, da ja die Nachbarn im Notfall einen Schlüssel hätten. An diesem Tag wollte Jette uns den Schlüssel dann unbedingt geben, fand ihn aber nicht. So suchte sie ihn immer wieder an den gleichen Stellen und war sich jedes Mal nicht sicher, ob sie ihn uns schon gegeben hatte.

Waren wir zu Hause, erreichten wir Jette oft nicht. Häufig telefonierten wir mit der direkten Nachbarin Else, aus der anderen Doppelhaushälfte, einer sehr patenten Frau gleichen Alters, um Informationen über Jette zu erhalten.

Aufgrund mehrerer Vorkommnisse wurden wir in einer zentralen Datenbank der Polizei als Ansprechpartner zu Jettes Person vermerkt. So konnten wir die Beamten ohne große Erklärungen anrufen und um eine Visite bei Jette bitten, wenn wir diese über einen längeren Zeitraum nicht erreichen konnten. An die Besuche der Polizei erinnerte sich Jette am nächsten Tag nicht mehr. Auch als sie einmal trotz stürmischen Klingelns nicht öffnete, die Polizei sich Zutritt mit dem Schlüssel von Else verschaffte und es zu einer hitzigen Diskussion kam, war dies bei dem Telefonat am Folgetag vergessen.

Jette begann Geld zu verschenken. Als wir im Sommer 2020 online feststellen mussten, dass sie einen beachtlichen Teil ihrer Ersparnisse in bar abgehoben hatte, sprachen wir sie darauf an und erhielten nur ein „Es gibt bedürftige Menschen" als Antwort. Heute gehen wir davon aus, dass sich Jette gar nicht mehr daran erinnerte. Ob sie Opfer eines Enkeltrick-Betrügers wurde? Da wir später bei ihr Listen mit Namen und Beträgen fanden, kann es auch sein, dass sie Geld an alle möglichen Menschen verschenkte. Auch die Bank konnte uns keine Auskunft darüber geben mit welcher Begründung Jette die große Summe abhob.

Obwohl Jette sicher einen nachvollziehbaren Grund angab, machen wir hier den Bankangestellten den Vorwurf, bei einer so hohen Barabhebung nicht die Polizei oder mich als eingetragenen Ansprechpartner informiert zu haben. In der heutigen Zeit agieren Bankangestellte oft aufmerksamer und stellen bei hohen Barabhebungen entsprechende Fragen. Zum Beispiel warum hohe Beträge nicht überwiesen werden, ob die Abhebung freiwillig erfolgt, ob jemand vor der Bank wartet oder ob ein Verwandter in Not sei.

Wahrscheinlich ist das häufige Vergessen tatsächlich nur ein sehr oberflächlicher Demenz-Indikator. Einen gesunden Menschen, der einfach einmal etwas vergisst, der darauf hingewiesen wird und dem es peinlich ist unkonzentriert oder vergesslich zu sein, unterscheidet von einem Demenzkranken, dass dieser die Vergesslichkeit dementiert und dahingehende Hinweise mit Vehemenz ablehnt. Der Demenzkranke ist absolut sicher entsprechende Bemerkungen zu seinem Vergessen seien unrichtig, wertet diese als ungerecht und reagiert entsprechend sauer. Wie Jette, die dann mit „Wie kommst du denn auf so etwas?" oder „Wie kannst du sagen ich sei vergesslich? Da hätten mich doch auch schon andere darauf angesprochen!" reagierte.

Telefonate mit Jette liefen nach einem gewissen Muster ab, ihre Fragen waren Wort für Wort identisch und oft in derselben Reihenfolge. „Wie geht es bei Euch? Wie ist das Wetter bei Euch? Wie geht es Deiner Mutter?"

Mit Sicherheit laufen tagtäglich unzählige Telefonate zwischen unterschiedlichen Generationen genauso ab. Man hat sich beim anderen aus Pflichtgefühl oder aus schlechtem Gewissen gemeldet, hat sich aber eigentlich wenig zu sagen und spult deshalb ein gewisses Ritual von Fragen ab. Eine Form der Normalität, so traurig sie ist, aus der man aber keine Demenz erkennen kann.

Uns fiel aber auf, dass sich Jette zwar bei jedem Telefonat nach dem Befinden meiner Mutter erkundigte, dann aber, unabhängig davon was wir sagten, über unsere Antwort hinweg ging, zum nächsten Thema wechselte und gar nicht weiter nachfragte.

Als Petra ihr einmal am Telefon erzählte, dass ich wegen einer Grippe mit hohem Fieber im Bett läge, hatte sie das Gefühl, dass dies Jette nicht groß interessierte. Ich wertete diese Veränderungen zunächst als eine normale Alterserscheinung, nicht genau zuzuhören, wie man es häufig bei älteren Menschen feststellt, wenn bei ihnen die eigenen altersbezogenen, oft gesundheitlichen, Probleme mehr und mehr in den Mittelpunkt rücken.

Alzheimer und auch Demenz bedeuten einen Emphatieverlust und Schwierigkeiten, die Gefühle, Probleme und Sorgen anderer zu erkennen, zu verstehen und angemessen darauf reagieren zu können. Jette reagierte aufgrund ihrer Intelligenz weiterhin oft gewohnt spontan und gewitzt, aber ihre Reaktion war simuliert. Auf einen Trauerfall reagierte sie betroffen, auf Sorgen mitfühlend und bei Problemen nachfragend. Aber alle diese Reaktionen waren ohne Substanz und ohne Nachhaltigkeit.

Demenzkranke vergessen oft sofort und somit auch, dass sie eine Frage gestellt haben. Sie können die Antwort nicht verstehen, weil sie dann gar nicht mehr wissen von wem oder was man spricht.

Deshalb können sie komplexe Sachverhalte nicht mehr erfassen und geschachtelten Sätzen oder Diskussionen nicht mehr folgen. Während ich also beim Schildern des Gesundheitszustandes meiner Mutter lange erklärende Sätze bildete, hatte Jette wahrscheinlich den Faden verloren und wusste gar nicht mehr, von wem ich sprach.

All die beschriebenen Anzeichen für ihre dementielle Veränderung habe ich nicht ignoriert. Mangels Erfahrung habe ich ihnen lange Zeit leider zu wenig Bedeutung beigemessen.

In der Hoffnung, dass sich alles irgendwie regelt, habe ich mich oft selbst beruhigt und Jettes Auffälligkeiten dem normalen Alterungsprozess zugeschrieben.

Ich wollte nicht laienhaft über diese intelligente Frau urteilen oder eine unprofessionelle Diagnose stellen.

Kurz gesagt, ich war wirklich unsicher und teils überfordert.

Kapitel 7

Mein Vater starb in den späten Abendstunden des 19. November 2021. Er war ein schwieriger Mensch und wir hatten uns seit meiner Pubertät, also über mehr als 40 Jahre lang, nicht verstanden. Eine lange Geschichte, die ich vielleicht ein anderes Mal erzähle. Als für mich sein Verhalten, neun Jahre vor seinem Tod, absolut unerträglich wurde, hatte ich den Kontakt zu meiner Familie zum wiederholten Mal in meinem Leben, diesmal aber konsequent und komplett, abgebrochen. Mein Vater ließ in diesen Jahren nicht locker, mich bei Verwandten, Nachbarn und Freunden schlecht zu machen und mir persönlich böse Briefe und Postkarten voller Vorwürfe, teils mit Drohungen und mit frei erfundenen Namen unterzeichnet, zuzuschicken.

Er war an Krebs erkrankt und wurde aufgrund seines schlechten Gesundheitszustandes zwei Tage vor seinem Tod ins Krankenhaus eingeliefert. Wegen der Corona-Maßnahmen wurde er auch bei der Einlieferung getestet und da das Ergebnis positiv war, lag er ganz allein im Krankenhaus, durfte nicht besucht und auch nicht nach Hause geholt werden. Als es ihm immer schlechter ging und er schließlich im Sterben lag, informierte mich meine Schwester und ich fuhr nach all den Jahren erstmals wieder zu meinem Elternhaus.

An jenem nasskalten Novembernachmittag standen meine Mutter, meine Schwester und ich draußen im Garten, mit dem damals vorgeschriebenen Sicherheitsabstand, um einen Gartentisch herum. Darauf stand ein Smartphone und jeder sprach einzeln per Video-Call mit meinem Vater und nahm Abschied. Er konnte nicht einmal mehr mit Zeichen antworten und ob er überhaupt etwas mitbekam, weiß ich nicht. Meine Mutter weinte viel, betete mit ihm das Vaterunser und sang Kirchenlieder für ihn.

Ein grausames, unmenschliches und schreckliches „auf Wiedersehen" nach sechzig gemeinsamen Jahren.

So viele Menschen, die schon durch den 2ten Weltkrieg unermessliches Leid erfahren mussten, starben in diesen Monaten während Corona einsam und allein, ohne die Hand gehalten zu bekommen. Oder verkümmerten im Altersheim unter schlechteren Bedingungen als ein inhaftierter Schwerverbrecher, ohne dass einer der dafür Verantwortlichen bislang hierfür zur Rechenschaft gezogen wurde.

Ich sagte meinem Vater, dass ich ihm alles verzeihe, zwischen uns alles gut sei und ich ihn liebe. So konnte er loslassen und ein paar Stunden später gehen. Das habe ich damals so empfunden und meine Schwester bestätigte mein Empfinden später.

Wir erhielten die Todesnachricht erst am nächsten Morgen und da ich von uns dreien immer den engsten Draht zu Jette hatte, war es meine Aufgabe sie telefonisch über den Tod ihres Bruders zu informieren. Sie nahm die Todesnachricht anscheinend gefasst auf, aber ein paar Tage später verursachte sie einen schweren Autounfall.

Wir hätten das gar nicht mitbekommen, wenn uns das Autohaus nicht wieder einmal per Mail, inkl. Fotos, informiert hätte. Ein eingespielter Vorgang. Während es sich in den vergangenen Jahren immer um irgendwelche Bagatellschäden wie demolierte Außenspiegel, Parkrempler, geplatzte Reifen und demolierte Felgen handelte, war es diesmal ein Schaden von fast 8.000 Euro.

Da wir nach wie vor in der polizeilichen Datenbank als Ansprechpartner hinterlegt waren, nahm man wegen des Unfalls auch von amtlicher Seite Kontakt zu uns auf. Jette war beim Versuch, ohne rechten Vorderreifen und auf den Fragmenten einer Felge zur Reparaturwerkstatt zu fahren, von einem Streifenwagen gestoppt worden. Sie wäre absolut uneinsichtig gewesen, hätte den Beamten erklärt, dass es sich ja nur um einen minimalen Schaden handele und sie daher unbedingt selbst in die Werkstatt weiterfahren wolle.

Da die Entfernung dorthin nur noch knapp hundert Meter betrug, geleitete sie eine Polizeieskorte dorthin.

Es stellte sich dann heraus, dass der eigentliche Unfall am Vortag stattgefunden hatte. Zunächst konnte sich Jette nicht mehr an den Unfallhergang erinnern, aber wie immer fiel ihr dann eine plausible Erklärung ein. Irgendwie sei ihr ein Fahrzeug entgegengekommen und sie sei ausgewichen.

Weil Jette in den letzten Monaten elfmal polizeilich aufgefallen war, hatte nun auch die Polizei begründete Zweifel an ihrer Fahrtüchtigkeit und informierte die zuständige Führerscheinstelle. Eine Fahrerlaubnis kann aber nur nach einer amtlichen Überprüfung, inklusive einer Feststellung der generellen Fahruntüchtigkeit, dauerhaft entzogen werden. Um diese Überprüfung anzustoßen, muss die Führerscheinstelle entweder durch die Polizei oder durch Dritte informiert werden. Zuvor waren die Beamten Jette einige Male heimlich hinterhergefahren, konnten außer Jettes rasanter Fahrweise jedoch keine Auffälligkeiten feststellen und sahen deshalb keine Möglichkeit weitere Maßnahmen einzuleiten.

Um Zeit zu gewinnen, wurde daher die Reparatur des Wagens, in Absprache mit dem Autohaus, verzögert und ihr auch kein neues Auto verkauft. Das war Jettes spontane Forderung aufgrund der mitgeteilten langen Reparaturdauer. Da Jette vor dem Unfall vehement darauf bestand, selbst mit dem Auto zur Beerdigung meines Vaters anzureisen, waren wir froh, dass die Werkstatt mitspielte. Diese Fahrt trauten wir ihr nicht zu und nach der langen coronabedingten Pause, wollten wir ihre Abholung auch dazu nutzen bei ihr nach dem Rechten zu sehen. Erst machte uns Jette mit ihrer neuen Idee, einer Anreise per Bahn, noch einen Strich durch die Rechnung, dann konnte Petra sie jedoch zu einer Abholung überreden.

Mit diesen Fahrten in den Harz begannen unsere Lehrstunden in Sachen Alzheimer. Bei Petras Ankunft traf sie auf eine sehr verwirrte Jette.

Der Fernseher müsse dringend repariert werden. Doch dieser funktionierte bei einem Test einwandfrei.

Jette war felsenfest davon überzeugt, dass in jedem Kanal stets das gleiche Programm laufe, wie beim letzten Einschalten des Gerätes. Beim Durchzappen erzählte sie, dass im Ersten immer der Zug fahren würde, im zweiten Programm der Mann mit dem Bart reden würde und so weiter. Nur die Nachrichten wären immer wieder neu. Wenn Petra das nicht reparieren könne, bräuchte sie dringend ein neues Gerät, um endlich etwas Neues sehen zu können.

Auf der über dreistündigen Fahrt zu uns nach Hause beharrte die Beifahrerin Jette immer wieder darauf, dass Petra sich ständig verfahren und im Kreis fahren würde. Zudem stellte sie merkwürdige Behauptungen auf. So deutete sie beim Vorbeifahren immer wieder auf irgendwelche Menschen oder Dinge: „Die Frau in der roten Jacke steht immer dort an der Ecke!" Oder: „Der gelbe LKW fährt auch immer vor mir, wenn ich diese Strecke fahre." Ähnliches geschah, als ich sie einen Tag nach der Beisetzung nach Hause fuhr. „Hier ging ich immer mit Reiner spazieren." Es war alles so skurril. Meine eigene Belastungsgrenze war durch den Tod meines Vaters und dessen Beerdigung niedrig, sodass mein Selbstschutz durch Verdrängung griff und ich sie nicht auf ihre Auffälligkeiten ansprach. Heute weiß ich, dass Alzheimer eine räumliche und zeitliche Zuordnung massiv beeinträchtigt und Jettes Verhalten eindeutig auf diese Krankheit hinwies.

Der ursprüngliche Plan eines mehrtägigen Besuches, bei uns und meiner Mutter, schlug aus mehreren Gründen fehl. Der geplante Zwischenstopp bei uns funktionierte nicht, weil Jette keinerlei Interesse an unserem Leben zeigte und es kam nicht einmal ein oberflächliches Gespräch zustande. Sie lehnte es ab mit uns zusammen zu essen, weil sie weder Appetit auf eine vorgekochte Gemüsesuppe noch auf die frisch zubereitete Lasagne hatte. Jette wollte schnellstmöglich zu meiner Mutter, wohin wir sie dann auch brachten.

Auch dort war sie unruhig und fühlte sie sich nicht richtig wohl, sodass ich sie schon am Tag nach der Beerdigung auf ihren Wunsch hin nach Hause fuhr.

Die Beisetzung meines Vaters im Dezember 2021 war coronabedingt ohnehin skurril. Mein Vater hatte sich immer eine sehr große Beerdigung gewünscht, nun aber war die Anzahl der Teilnehmer streng limitiert.

Ursprünglich sollte auf den Wunsch meines Vaters auch jener Werner, den Jette auf Drängen ihrer Mutter einmal heiraten sollte, an dessen Grab mit der Posaune das Ostpreußenlied spielen. Altersbedingt konnte er das nicht leisten und ein mit viel Mühe organisierter anderer Trompeter spielte, im vorgeschriebenen Abstand von mehr als 20 Metern, dann irgendwelche anderen Lieder, da er das Ostpreußenlied nicht kannte.

Ostpreußenlied

Land der dunklen Wäl - der   und kris - stall - nen   Seen,

Üb - er wei - te Fel - der   lich - te   Wun - der   gehn.

2.   Starke Bauern schreiten / hinter Pferd und Pflug,
      über Ackerbreiten / streicht der Vogelzug.

3.   Tag hat angefangen / über Haff und Moor,
      Licht ist aufgegangen, / steigt im Ost empor.

4.   Heimat, wohlgeborgen / zwischen Strand und Strom,
      blühe heut und morgen / unterm Friedensdom.

5.   Und die Meere rauschen / den Choral der Zeit.
      Elche stehn und lauschen / in die Ewigkeit.

T: Erich Hanninghofer / M: Herbert Brust 1930

Kapitel 8

Kaum war Jette wieder daheim, erhielten wir einen Anruf von ihrer Hausärztin Frau Dr. med. M. Oertel. Unsere Rufnummer hatte sie von Jettes Nachbarin Else, die ebenfalls Patientin bei ihr war. Frau Dr. Oertel schilderte ihre Beobachtungen der letzten Monate und ihren daraus resultierenden Verdacht einer fortgeschrittenen Demenz bei meiner Tante. Eine definitive Diagnose könnte sie jedoch nur mit einer detaillierten Untersuchung stellen, der Jette aber explizit zustimmen müsste. Ihre Praxis hatte Jette in den letzten Monaten und Jahren nur zum Abholen von Rezepten für Schmerzmittel und nicht für Untersuchungen aufgesucht. Dabei hatte sie zumeist ausgesprochen desorientiert gewirkt, alle Angebote einer Untersuchung kategorisch abgelehnt und war dann möglichst schnell wieder verschwunden. Meine Bitte, Jette in deren Haus aufzusuchen und sie dann mit irgendwelchen Überredungskünsten zu einer Untersuchung zu bewegen, fand bei Dr. Oertel keinen Anklang, da sie hier rechtliche Probleme sah.

Wir telefonierten einige Male miteinander und Frau Dr. Oertel erklärte mir, dass Jette ganz sicher um ihre Erkrankung wisse, diese aber konsequent verdränge. Sie hätte im Laufe der Jahre eine perfekte Fassade aufgebaut, damit man ihr die vorhandenen Defizite nicht anmerkte. Sie war überzeugt, dass Jette – wie alle Demenzkranken – große Angst hätte und gegen viele Dämonen in ihrem Kopf ankämpfen musste. Daher bat sie mich, mit meiner Tante zu sprechen, um sie zu einem Arztbesuch zu überreden.

Gesagt, getan und so sprachen wir Jette einige Male am Telefon auf ihre Vergesslichkeit an. Das führte dazu, dass Jette stets äußerst erbost reagierte und sich aufregte. „Ich bin doch nicht plemplem, dann hätten mir die Nachbarn oder irgendwer doch auch schon einmal etwas gesagt!"

Einmal sagte ihr Petra in ihrer konsequent direkten Art auf den Kopf zu, dass genau diese Nachbarn uns immer wieder anriefen, weil sie sich Gedanken über ihren Gesundheitszustand machten. Jette lief daraufhin mit dem Telefon in der Hand los, klingelte an der Nachbarstür Sturm und beschimpfte Else schon beim Öffnen der Haustür wüst, welche Lügen sie verbreiten würde. Wir erlebten live am Telefon mit, wie die arme Frau sich kaum zu wehren wusste. Aber als Petra am nächsten Abend erneut bei Jette anrief, erinnerte sich diese überhaupt nicht mehr an den Vorfall. Das berichtete auch Else, denn Jette hatte sie am Morgen nach den Ereignissen ganz freundlich gegrüßt.

Besuche lehnte Jette in diesen Wochen weiter konsequent ab, aus Angst vor einer Corona-Infektion. Vielleicht eine willkommene Ausrede. Auch die Telefonate gestalteten sich immer schwieriger und wurden seitens Jette auf eine Minimalkonversation reduziert, indem sie schnell ihre Standardfragen stellte und sich dann verabschiedete. Ihr Auto war inzwischen repariert und wir gehen davon aus, dass sie damals täglich die 70 Kilometer in den Elm hin und zurück fuhr, um im Friedwald bei Reiner zu sitzen und spazieren zu gehen. Wir riefen Jette täglich an, erreichten sie abends recht häufig und sie erzählte bei jedem Telefonat, dass sie heute ihren wöchentlichen Friedhofsbesuch gemacht hatte. Die Nachbarn bestätigten uns später, dass sie jeden Tag und dann jeweils mehrere Stunden mit dem Auto unterwegs gewesen war.

Aus Angst vor weiteren Entgleisungen trauten wir uns nicht mehr Jette direkt auf ihre Gedächtnisschwächen anzusprechen. Daher suchten wir Hilfe bei der psychologischen Beratungsstelle und der Sozialen Beratungsstelle des Landkreises Goslar und stießen tatsächlich auf offene Ohren. Die durchweg lieben Mitarbeiterinnen, eigentlich doch wildfremde Menschen, erkannten Jettes Not, taten wirklich alles, um ihr zu helfen, suchten den regelmäßigen Kontakt zu uns und standen mit Rat zu Tat zur Seite.

Sie besuchten meine Tante mehrfach, unterhielten sich lange mit ihr und versuchten sie zu einer ärztlichen Untersuchung zu überreden. Als geschulte Fachleute erkannten sie, trotz der aufgebauten Fassade, ihre dementielle Veränderung, konnten aufgrund der Gesetzeslage aber auch keine Untersuchung von Amts wegen auslösen. Da eine der Kolleginnen während eines Besuches fast von Jette mit dem Auto angefahren wurde, nahmen auch die sozialen Dienste Kontakt mit der Führerscheinstelle auf und drängten auf einen Führerscheinentzug.

So auch Herr Dr. Gersten. Er rief mich an, als die ihm bis dahin unbekannte Jette in seiner Praxis aufgetaucht war. Sie war auf der Suche nach der benachbarten Augenarztpraxis, hatte ihm sehr aufgewühlt ein Schreiben der Führerscheinstelle Goslar vorgelegt und ihn um ein Attest ihrer Fahrtüchtigkeit gebeten. Jette hatte auf ihn insgesamt sehr verwirrt und teils desorientiert gewirkt. Da ihr während des Gespräches ein größerer Geldbetrag aus der Tasche gefallen war und sie beim späteren Ausparken auch noch das Auto seiner Sprechstundenhilfe gerammt hatte, war er insgesamt sicher, dass Jette dementiell erkrankt war. Da sie sein Angebot einer Untersuchung in der Praxis abgelehnt hatte, hatte er, wie auch seine Kollegin Dr. Oertel, keinerlei Möglichkeit, Jette eingehender zu untersuchen. Aufgrund seiner Beobachtungen nahm er aber Kontakt zu den Behörden auf, bat um Unterstützung und den Entzug von Jettes Führerschein.

Mit dem Wissen, wie es um Jette bestellt war, fuhr ich oft zu ihr, um mit ihr zu sprechen und sie zu überreden sich untersuchen zu lassen. Sie war immer überrascht, dass ich ohne Absprache bei ihr auftauchte, obwohl meine Besuche stets angekündigt waren. Einmal fuhr sie gerade als ich ankam aus der Einfahrt, sodass ich ihr, unter Missachtung des Tempolimits, hinterherfuhr. Ihr Ziel war eine Filiale ihrer Bank ohne Personal, wo sie sich ein paar Minuten aufhielt und dann wieder heimfuhr.

Später kam heraus, dass sie sich Überweisungsvordrucke holen wollte, aber mit Einzugsermächtigungen zurückkam. Unsere Gespräche waren stets schleppend und jedes Mal wurde ich nach kurzer Zeit hinauskomplimentiert.

Jettes Handicap wurde inzwischen auch von anderen Menschen bemerkt und so lernten wir immer mehr Menschen aus Jettes Umfeld kennen: Freunde, Nachbarn, ehemalige Klassenkameraden oder weitläufige Verwandte. Unter diesen waren wenige die Hilfe anboten und niemand der tatsächlich half. Wir stießen auf viele Vorurteile. Ein häufiger Einwand war, dass Aussetzer des Gedächtnisses ausschließlich durch zu wenig Flüssigkeitszufuhr erklärbar und mit einem geänderten Trinkverhalten reversibel wären.

Es gab so viele selbsternannte Experten, die glaubten Jettes Gesundheitszustand auch aus der Distanz genau beurteilen zu können. Diese Menschen machten sich nicht einmal die Mühe Informationen über Demenz einzuholen und glaubten tatsächlich, dass ein Mensch nicht dement sein kann, wenn mit ihm eine normale Unterhaltung möglich ist. Selbst grobe Ungereimtheiten oder das ständige Wiederholen von Fragen fiel ihnen nicht auf. Sie ließen sich von der aufgebauten Fassade täuschen, unterhielten sich nur kurz mit Jette oder waren schlichtweg intellektuell nicht dazu imstande sofort vergessene Gesprächsinhalte zu registrieren.

Vielen älteren Menschen fällt es aufgrund eigener altersbedingter Defizite schwer, Demenz oder Alzheimer zu erkennen. So wie einem von Jettes Bekannten, verheiratet, damals ca. 85 Jahre alt und von Jette als „Kussmann" tituliert. Jette erzählte immer häufiger am Telefon, dass der Kussmann ständig bei ihr klingeln und sie dann bedrängen würde ihn zu küssen. Später stellte sich durch Berichte der Nachbarn heraus, dass der Wunsch nach Zweisamkeit auch von meiner Tante ausging, da sie viel Zeit mit dem Kussmann verbrachte, mit ihm im Garten saß und gern bewirtete.

Wir lernten den Kussmann kennen, als er uns, aufgrund des Schreibens der Führerscheinstelle, anrief.

Er war uns sofort suspekt, da er meine damals schon 82-jährige Tante ständig als „sein Mädel" bezeichnete. Sein Mädel wäre geistig topfit, nur aufgrund ihres Alters unsicher beim Autofahren und daher wäre es ratsam ihre Autofahrten einzuschränken. Er schlug vor, den Wagen seines Mädels selbst zu manipulieren und damit fahruntauglich zu machen. Das lehnten wir ab.

Jette war in dieser Zeit unsicher, ob man ihr die Fahrerlaubnis tatsächlich entzogen hatte. Das Schreiben der Führerscheinstelle war wohl zu komplex und die entsprechenden rechtlichen Erklärungen auch zu lang für sie. So unsere heutige Vermutung. Da wir das Schreiben der Behörde viel später, mit Kaffeeflecken versehen, in einer Schublade fanden, gehen wir davon aus, dass sie es mit dem Verlegen auch wieder vergessen hatte und dann erneut und wahrscheinlich täglich in den Elm und sonst wohin fuhr.

Um den Stand der Dinge zu erfahren, wurden wir immer wieder bei der Führerscheinstelle vorstellig. Die gesetzlichen Vorgaben sehen eine Antwortfrist von 3 Monaten vor, ohne dass es in diesem Zeitraum von Seiten der Behörde weitere Handlungsmöglichkeiten gibt. So machten sich nicht nur wir, sondern auch die Mitarbeiterinnen des Amtes, aufgrund weiterer kleinerer Unfälle, große Sorgen. Wegen der Hinweise von Dr. Gersten fuhr die Polizei nochmals zur Beobachtung hinter Jette her, aber auffällig war wieder nur, dass sie generell ein wenig zu schnell fuhr.

Eine Handhabe zur Feststellung der Fahruntüchtigkeit oder Gefährdung dritter konnte erneut nicht feststellen werden.

Kapitel 9

Jettes Hand ging zum Schlüsselbund auf dem Küchentisch, nahm ihn und legte ihn wieder dorthin wo er vor zwei Minuten schon lag. In diesem Augenblick war ich mir erstmals sicher, dass nun etwas passieren musste. Nur was? Ich überlegte, wie ich unser ins Stocken geratene Gespräch wieder in Gang bringen und was ich tun konnte, um ihr zu helfen. Dann legte Jette den Schlüsselbund ein weiteres Mal zurück auf dessen Ausgangsposition. Ich hatte aufgehört mitzuzählen, wie oft sie das schon getan hatte.

Mein Besuch bei Jette hatte ich an jenem Tag erstmals nicht angekündigt und auf der knapp 3 stündigen Fahrt war ich mir nicht sicher, ob ich mir wünschte Jette zu Hause anzutreffen oder nicht. Wäre sie nicht da gewesen, hätte ich nach einer akzeptablen Wartezeit vor der Tür einfach wieder heimfahren können.

Der simple Weg. Inklusive der perfekten Rechtfertigung vor mir selbst und anderen, doch alles getan zu haben. Aber so hatte ich mich schon viel zu lange verhalten. Seit Monaten war ich mir sicher, dass mit Jette etwas nicht stimmte. Meiner Einschätzung nach war Jette dement. Dr. Gersten und Dr. Oertel waren derselben Meinung, aber ein wirklich amtliches Gutachten mit Brief und Siegel bekam ich nicht, da Jette schon beim Thema Vergesslichkeit sauer reagierte und Untersuchungen gar nicht erst angesprochen werden konnten. Wäre sie in einem Krankenhaus gewesen, hätte man bei einer anderen Diagnose, wie Dehydrierung oder einem Tumor, entsprechend agieren können. Dann wäre alles bestens und durch regelmäßige Flüssigkeitszufuhr, eine entsprechende Medikamentierung oder auch eine Operation wären alle Probleme gelöst.

Mein Wissen über Demenz oder Alzheimer stammte zu diesem Zeitpunkt aus Filmen, die vertrottelte, nicht ganz zurechnungsfähige, aber häufig gleichzeitig liebenswerte Menschen zeigten.

Menschen die Bücher in den Kühlschrank stellen und die Lebensmittel dafür auf das Bücherregal. Als ich etwa 13 oder 14 Jahre alt war, besuchten uns einmal Verwandte aus der alten Heimat. Unter diesen war auch ein sehr alter Großonkel, der die ganze Zeit glaubte, nicht in Mittelhessen, sondern in Ostpreußen zu sein. Die Familie lachte freundlich und man flüsterte sich Augenzwinkernd „Demenz" zu, als er immer wieder erzählte, wie schön es sei wieder zu Hause zu sein und dabei Lieder aus seiner Kindheit und Jugend sang. Als Jugendlicher hatte ich das schon nicht verstanden und Jahrzehnte später, in Jettes Küche, war ich genauso ratlos und voller Fragen.

Auf der Rückfahrt durch den Harz nach Hause, kreisten wieder tausend Fragen in meinem Kopf: Wo war die Grenze zwischen altersbedingter Vergesslichkeit mit verminderter Gehirnleistung und dieser Krankheit? Ja, vergessen wir nicht alle hier und da einmal etwas, auch wenn es wichtig ist? Wie oft muss ich mich nicht selbst kontrollieren, ob ich beispielsweise das Licht im Treppenhaus gelöscht habe! Wann fing das eigentlich an? Ab wann hatte Jettes Demenz begonnen, ab wann konnte man sie bemerken? Oder hätte sie erkennen müssen? Aus heutiger Sicht und mit den gemachten Erfahrungen hätten mir alle Puzzleteile als Diagnose ausreichen sollen. Ich hätte auf die objektive Beurteilung Herrn Dr. Gerstens vertrauen und vor allem auf weitere Untersuchungen im Krankenhaus verzichten sollen und damit mir, und vor allem Jette, viele Probleme ersparen können.

Treffen kann Alzheimer jeden und auch die Liste der Prominenten mit Alzheimer ist lang. Ronald Reagan, Gene Hackman, Margaret Thatcher, Rudi Assauer, René Weller, Sidney Poitier, Gerd Müller, Tony Bennett, Charlton Heston, „Columbo" Peter Falk, Robin Williams, Karlheinz Böhm,

Helmut Schön, Gustav „Bubi" Scholz oder Rita Haywood, um nur ein paar zu nennen. Allein in Deutschland lebten im Jahr 2022 über 1,8 Millionen Menschen mit dieser Krankheit.

Die Tendenz ist dramatisch steigend und Alzheimer ist leider unheilbar. Alzheimer, und auch Demenz, sind unheimlich, weil die Menschen es selbst selten realisieren. Man bekommt bei dem Gedanken, selbst an einer dementiellen Veränderung zu erkranken und es ebenfalls nicht zu realisieren, tatsächlich Angst.

Seit ich durch Jette mit dieser Krankheit konfrontiert wurde, wundere ich mich, dass so wenig Menschen die Krankheit Alzheimer nachvollziehen können, obwohl es in so vielen Dokus, Büchern und Filmen um dieses Thema geht. Ich glaube, Demenz wird in frühen Stadien oft nicht erkannt, man schließt sie aus, da der Kranke im Moment glänzend argumentieren und glasklar formulieren kann. Oder weil man Auffälligkeiten durch den normalen Alterungsprozess erklärt.

Doch woran erkennt man Demenz oder Alzheimer? Aus eigener Erfahrung und nach all den Büchern, Podcasts und anderen Informationsquellen, weiß ich, dass es gewisse Anzeichen für eine dementielle Veränderung gibt.

Hierbei muss man jedoch wirklich genau analysieren, ob es sich nicht doch um ganz normale altersbedingte Probleme handelt.

Teil 1 - Anzeichen für eine Dementielle Veränderung

Anzeichen	Altersbedingt	Demenz/Alzheimer
Gedächtnislücken	Namen oder Termine werden vergessen, aber man erinnert sich dann doch daran.	Alle Termine müssen aufgeschrieben werden, weil sonst eine Organisation des Alltags unmöglich ist.
Wahrnehmungs-Probleme	Verminderte Wahrnehmung durch Sehstörungen.	Schwächen beim Erkennen von Bildern oder kein Wiedererkennen von bekannten Gesichtern.

Teil 2 - Anzeichen für eine Dementielle Veränderung

Anzeichen	Altersbedingt	Demenz/Alzheimer
Zeitliche und örtliche Orientierungs-Probleme	Ab und zu den Wochentag zu verwechseln und sich dann wieder erinnern.	Das Jahr oder die Jahreszeit wird vergessen. Die Uhr kann nicht mehr gelesen oder gezeichnet werden. Der Aufenthaltsort und Entfernungen zu anderen Orten sind unbekannt.
Konzentrations-Probleme	Es können nicht gleichzeitig viele verschiedene Dinge erledigt werden. Komplexe neue Abläufe, wie die Programmierung des Fernsehers müssen erklärt werden.	Konzentration auf gewohnte Abläufe wie beim Kochen oder Backen fällt schwer. Ein Stapel Rechnungen zu bezahlen oder Kleidung zu sortieren ist eine große oder unlösbare Herausforderung.
Sprachprobleme	Ab und zu fällt das richtige Wort nicht ein.	Einem Gespräch kann nicht gefolgt werden, wenn das Thema komplex ist oder beim Reden von Thema zu Thema hin und her gesprungen wird.
Verlegen von Gegenständen	Dinge werden hin und wieder verlegt, aber wiedergefunden.	Gegenstände werden an ungeeignete Orte gelegt; z. B. Schuhe in den Kühlschrank. Das Fahrrad wird beim Einkaufen abgestellt und nicht wiedergefunden oder ständig der Hausschlüssel verloren.
Beurteilungs-Probleme	Unüberlegte, spontane und daher falsche Entscheidungen.	Eingeschränktes Urteilsvermögen, bei der Kleidungswahl (Winterstiefel im Sommer), bei notwendiger Reinigung von Kleidung, bei der eigenen Körperpflege oder beim Umgang mit Geld.
Sozialprobleme	Das zeitweise Gefühl durch Arbeit und Anforderungen überfordert zu sein.	Durch die Eigenwahrnehmung der Beeinträchtigungen zunehmende Unsicherheit, Rückzug von Hobbies, sozialen Aktivitäten und Vermeidung von Treffen.
Persönlichkeits-Veränderungen	Irritation, wenn gewohnte Abläufe verändert werden.	Starke Stimmungsschwankungen ohne erkennbaren Grund, aber auch Unbehagen in fremden Umgebungen, plötzliches Misstrauen, Aggressivität, Unruhe, Traurigkeit, Hilflosigkeit etc.

Kapitel 10

In unserer Ratlosigkeit baten wir das ortsansässige Amtsgericht um Hilfe, da Dr. Gersten mit einer gerichtlichen Anordnung deutlich bessere Möglichkeiten haben würde, Jette zu untersuchen und man ihr dann auch helfen könnte. Die entsprechenden Anträge wurden schnell gestellt und das Gericht bat den Arzt um eine Untersuchung und Stellungnahme, um über eine Betreuung durch mich zu entscheiden.

Im Nachhinein ein katastrophaler Fehler, dessen Folgen Jette allein auszubaden hatte. Aber der Reihe nach. Von meinem Antrag wurde auch eine Kopie an Jette geschickt, die voller Angst reagierte und das Schreiben dem Kussmann vorlegte. Doch anstatt uns zu kontaktieren, formulierte er eine neue Vorsorgevollmacht zu seinen Gunsten und ein neues Testament, mit einer von ihm ausgewählten Stiftung als Begünstigte. Beides legte er Jette zur Unterschrift vor, konnte sie aber nicht dazu bewegen.

Dr. Gersten war in jenen Tagen acht Mal vergeblich bei Jette gewesen, da sie entweder nicht zu Hause war oder nicht untersucht werden wollte. Beim neunten Mal war er erfolgreich, konnte Tests durchführen und diagnostizierte, in einer ersten Stellungnahme an das Gericht, eine fortgeschrittene demenzielle Veränderung. Der meist genutzte erste Schnelltest zur Diagnose von Demenz und zur Erfassung kognitiver Störungen bei älteren Menschen ist der Mini-Mental-Status-Test (MMST), wegen seiner hohen Aussagekraft. Er wird auch genutzt, um den Krankheitsverlauf einer demenziellen Veränderung zu erfassen. Häufig wird auch der Montreal-Cognitive-Assessment-Test, kurz MoCa Test, angewendet, mit dem eine beginnende Demenz und andere Beeinträchtigungen der Gehirnleistungen schnell zu erkennen sind.

Beispiel Mini-Mental-Status-Test (MMST)

1   Zeitliche Orientierung: Welchen Tag haben wir heute?

         o Tag   1 Punkt
         o Monat   1 Punkt
         o Jahr   1 Punkt
         o Wochentag   1 Punkt
         o Jahreszeit   1 Punkt

2   Örtliche Orientierung: Wo sind wir jetzt?

         o Stadt   1 Punkt
         o Stadtteil/ Dorf   1 Punkt
         o Bundesland   1 Punkt
         o Klinik/Arztpraxis   1 Punkt
         o Stockwerk   1 Punkt

3   Merkfähigkeit: Folgende 3 Worte vorlesen und zur Wiederholung auffordern.

         o Tisch   1 Punkt
         o Münze   1 Punkt
         o Ball   1 Punkt

4   Rechnen / Aufmerksamkeit : 7 von 100 abziehen und dann weiter 7 abziehen oder alternativ „STUHL" rückwärts buchstabieren.

         o 93   o L   1 Punkt
         o 86   o H   1 Punkt
         o 79   o U   1 Punkt
         o 72   o T   1 Punkt
         o 65   o S   1 Punkt

5   Erinnern: Wie waren die 3 Worte, die vorhin gemerkt wurden?

         o Tisch   1 Punkt
         o Münze   1 Punkt
         o Ball   1 Punkt

6   Wiederholen: Den Satz „Kein wenn und oder aber" nachsprechen (der Satz „Kein wenn und aber" ist falsch!)

         o richtig nachgesprochen   1 Punkt

7   Dreiteiliger Befehl: Nehmen Sie das Blatt Papier, falten Sie es in der Mitte und werden Sie es auf den Boden!"

o Blatt nehmen   1 Punkt
o Blatt falten   1 Punkt
o Blatt auf den Boden werfen   1 Punkt

8   Die Testperson soll den Satz „Schließen Sie die Augen" lesen und befolgen.

o Augen geschlossen   1 Punkt

9   Die Testperson soll einen beliebigen sinnhaften Satz mit Subjekt und Verb sagen.

o Geschafft   1 Punkt

10   Die Testperson soll diese Zeichnung abzeichnen:

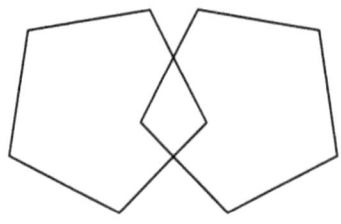

o geschafft   1 Punkt

Auswertung: >= 09   Punkte: Schwere Demenz
                  10 – 19 Punkte: Mittelschwere Demenz
                  20 – 26 Punkte: Leichte Demenz
                  27 – 30 Punkte: Keine Demenz

Quelle: Wikipedia
           Der Test wurde 1975 von Marshal F. Folstein und Kollegen entwickelt, deshalb wird er manchmal auch „Folstein-Test" genannt.

Zu einer endgültigen Diagnose, so führte er in seinem Gutachten weiter aus, müssten weitere Untersuchungen, wie ein MRT des Gehirns und eine Rückenmarkspunktion, vorgenommen werden. Dr. Gersten unterhielt sich sehr oft und ausgiebig mit mir am Telefon und als ich einmal unangekündigt und ratsuchend in seiner Praxis auftauchte, verschob er eine anstehende Schulung und nahm sich Zeit für mich. Ich habe absolute Hochachtung vor diesem Mediziner und bin ihm auch heute noch sehr dankbar.

Als das Gericht im Vorfeld das Gutachten, mit einem Ortstermin, auch an Jette schickte, schrieb der Kussmann alle möglichen Rechtsanwälte an, damit sein Mädel nicht für unzurechnungsfähig erklärt werden würde. Die ganzen Schreiben, Erklärungen, die Vorsorgevollmacht und das neue Testament, die der meines Erachtens ebenfalls unzurechnungsfähige alte Mann fabrizierte, fanden wir später in Jettes Haus verstreut. Alle ohne ihre Unterschrift.

Am Tag des Ortstermins, Ende Juli 2022, trafen sich zunächst nur Jette und ich mit dem zuständigen Richter in Jettes Haus. Dann klingelte es an der Tür. Jette stand auf, öffnete die Tür und begrüßte die Besucherin mit: „Wer sind Sie denn?"

Deren Antwort war: „Ich bin ihre Rechtsanwältin und wir haben doch gestern über alles gesprochen." Während des nachfolgenden Gespräches fragte mich Jette immer wieder, wer denn diese Frau sei, aber das hielt diese nicht davon ab, das medizinische Gutachten von Dr. Gersten als komplett fehlerhaft zu bezeichnen. Der Arzt hätte bei seinem Besuch gefragt, ob Jette sich selbst etwas zu Essen gekocht hätte. Diese hätte angegeben sich Fisch gebraten zu haben, aber man konnte keinen entsprechenden Essensgeruch feststellen. Die Anwältin legte Jette mit „Sie haben an diesem Tag doch auch nur Kochfisch gegessen, den man nicht riechen kann, oder?" die Gegenargumentation in den Mund. Und so ging es weiter.

Man kann mich altmodisch nennen, aber mein Weltbild, dass Pfarrer, Lehrer und auch Anwälte eine gewisse Verpflichtung zur Wahrheit haben, geriet mächtig ins Wanken.

Sie sahen sich oberflächlich in der Wohnung um, stellten fest, dass ja noch alles recht ordentlich war und verabschiedeten sich. Dass zu diesem Zeitpunkt der Keller unter Wasser stand, bemerkte niemand. Natürlich schickte diese Anwältin Jette sofort eine kaum leserliche, aber umso saftigere Rechnung auf einem schmuddeligem Blatt Papier. Ich bezahlte zähneknirschend und untersagte ihr, Kraft meiner Vorsorgevollmacht, erneut für meine Tante tätig zu werden. Dem Kussmann untersagte ich zeitgleich sich weiter um irgendwelche Belange meiner Tante zu kümmern. Von den beiden hörte ich nie mehr etwas.

Als dann, wenige Tage später, am Donnerstag den 4. August 2022 um 23:11 Uhr, das Telefon klingelte, hatten wir uns gerade ins Bett gelegt. Es war die Polizei aus Bergen, die uns darüber informierte, dass Jette bei einer Familie in der Lüneburger Heide an der Haustür geklingelt hätte. Die Familie reagierte vorbildlich, beruhigte Jette so gut es ging und informierte dann die Polizei. Sie sei sehr verwirrt, hätte behauptet die Familie bereits seit Jahren zu kennen, wolle ihren Urlaub dort antreten und bat um die Zuweisung eines Zimmers. Alternativ könne sie aber auch im Auto übernachten, welches sie in der Einfahrt des Anwesens geparkt hätte.

Wieder einmal war es gut, dass wir als Ansprechpartner in der Datenbank der Polizei hinterlegt waren. Nach einer kurzen Erklärung der Umstände wurde ein Streifenwagen zu der Familie geschickt. Von dort aus, um 23:35 Uhr, meldeten sich die Beamten bei uns. Ein guter Zeitpunkt einen Kaffee aufzusetzen, denn an Schlaf war erst einmal nicht mehr zu denken. In der Südheide sprachen die Beamten lange mit der Familie und mit Jette, um den Sachverhalt zu klären und um 00:28 Uhr erhielten wir die Info, dass Jette zur Einlieferung ins Krankenhaus nach Celle unterwegs war.

Knapp eine halbe Stunde später meldete sich von dort ein Neurologe, der eine Einweisung in die psychiatrische Klinik Celle vorschlug und mir ankündigte vorschriftsgemäß das Amtsgericht Celle zu informieren.

Von dort aus meldete sich, um acht Minuten nach vier Uhr morgens, eine freundliche Richterin des Bereitschaftsdienstes mit den Worten: „Ihre Nacht ist zu Ende. Bitte setzen Sie sich ins Auto und kommen Sie nach Celle." Es ging darum, sich zusammen mit mir ein eigenes Bild von Jette zu machen, um sie von Amts wegen für 48 Stunden einzuweisen. Nach drei Stunden oberflächlichen Schlafs kochten wir erneut Kaffee und kurze Zeit später saß ich im Auto, auf dem Weg gen Norden, und bat meinen Chef erneut um einen Tag Urlaub.

Nach einer Chaosfahrt durch Sturm und Regen, kam ich knappe vier Stunden später im Krankenhaus in Celle an und traf dort, in einem tristen Besprechungszimmer, eine mehr als verwirrte und fahrige Jette. Sie behauptete immer wieder, dass sie seit Jahren von der anwesenden Ärztin behandelt würde. Dass sie in Celle sei, wollte sie nicht glauben, denn dort wäre sie ja noch nie gewesen. Man erklärte Jette und mir, dass sie nun leider in die Psychiatrie nach Göttingen gebracht werden würde, da das Krankenhaus für Patienten aus ihrem Wohnort zuständig sei.

Erwartungsgemäß war Jette nicht mit einem Weitertransport einverstanden. Die beiden körperlich beeindruckenden Männer des Krankentransportes reagierten eloquent, sehr freundlich und so souverän, dass meine Tante aber schon kurze Zeit später beschwingt im Rollstuhl Platz nahm, brav ihre Schuhe auszog und plaudernd aus dem Raum geschoben wurde. Alle Achtung.

Wie dankbar bin ich meiner Schwägerin Betty, die mich damals bei den Telefonaten mit Behörden, den Gerichten und Ärzten unterstützt hat. Da nun das Amtsgericht Göttingen zuständig war, sollte ich dort vorstellig werden und dann gemeinsam mit den Göttinger Ärzten sprechen.

Auf dem Weg dorthin musste ich einen Umweg über den Harz fahren, um schnell etwas Kleidung und das Notwendigste für Jettes Krankenhausaufenthalt zusammenzupacken. Ihren Hausschlüssel hatte ich intuitiv zu Hause eingesteckt, aber aus dem „schnell" wurde nichts, denn Jettes Kleidung war überall im Haus und in zig Schränken verteilt. Natürlich musste ich auch kurz mit den besorgten Nachbarn sprechen. Ich fand den unter Wasser stehenden Keller, hatte jedoch keine Zeit das Problem zu beheben. Gleiches galt für die fehlenden Ziegel auf dem Dach, die, zerbrochen aber ordentlich, in den Carport gestellt worden waren.

Dann ging es weiter nach Göttingen. Auf der Fahrt konnte ich bereits die zuständige Richterin erreichen und zumindest das Wichtigste klären. In der geschlossenen Psychiatrie angekommen, ließ man mich ausnahmsweise auch ohne den obligatorischen Corona-Test kurz zu Jette. Die mitgebrachte Kleidung, Zahnbürste und Hygieneartikel räumte sie relativ achtlos in einen Schrank. Sie war zusammen mit einer ebenfalls dementen Frau in einem Zweibettzimmer untergebracht. In einem kurzen Gespräch mit ihr und einem Arzt, dass dem Gespräch in Celle gespenstisch ähnelte, wurde nur vereinbart, dass man Jette erst einmal untersuchte.

Hierzu war ein gerichtlicher Beschluss notwendig – was mir auch schon die Richterin am Telefon erklärt hatte. Sie hatte mir ebenfalls erläutert, dass eine Einweisung in die geschlossene Psychiatrie von einem Betreuer, oder von Amts wegen, bei Gericht beantragt werden musste. Diese undankbare Rolle kam nun mir zu, sodass ich, wieder zu Hause angekommen, einen entsprechenden Antrag bei Gericht stellte. Nebenbei sei erwähnt, dass derartige Anträge nur per Fax oder mittels einer behördeneigenen Software, die Privatpersonen im Normalfall ganz sicher nicht haben, gestellt werden können. Eine Zwangseinweisung kann generell nur erfolgen, wenn der Betroffene entweder sich selbst oder andere Menschen gefährdet.

Das notwendige ärztliche Zeugnis wurde von einem Facharzt für Psychiatrie in der Klinik erstellt und durch die Richterin dann, in einer persönlichen Anhörung in der Klinik, ausgestellt. Sie sah bei Jette die Gefahr einer Fremdgefährdung und so erfolgte eine Einweisung für sechs Wochen.

Mir war nicht bewusst, dass auch Jette eine Kopie meines Antrags in die geschlossene Psychiatrie zugestellt bekam. Diesen Antrag trug sie die nächsten Wochen mit sich herum, las ihn immer wieder und war dadurch kontinuierlich sauer auf mich. War ich in ihren Augen doch derjenige, der für ihre schlimme Situation verantwortlich war. Da Jette ihre Einschätzung mit allen Menschen, die sie anriefen oder besuchten, teilte, schlug mir eine Welle der Entrüstung und Empörung entgegen – hatte ich doch meine Tante entmündigt und in die Psychiatrie einweisen lassen.

Kapitel 11

Die kommenden Wochen wurden für uns alle schwer. Für Jette, die alles was geschah nicht verstehen konnte – aber auch für uns.

Jeder Besuch in Göttingen bedeutete für uns eine ca. 5-stündige Autofahrt. Durch die Corona-Tests, die bei jedem Besuch in der Klinik notwendig waren, wurde alles behindert, da die psychiatrische Klinik keine eigenen Tests anbot und die Testzentren in Göttingen zu diesem Zeitpunkt schon nach und nach geschlossen wurden. Wir durften Jette auch nur nacheinander besuchen. So war es nicht möglich Jette abzulenken und parallel den Inhalt ihres Schranks zu kontrollieren. Sie konnte, wie in jeder anderen Abteilung des Krankenhauses, auch Besuch von Dritten empfangen und uneingeschränkt telefonieren. So wurde Jette, als wir ein Wochenende im Harz verbrachten, um alle verdorbenen Lebensmittel zu entsorgen, umgehend von einem Nachbarn angerufen und darüber informiert, dass wir ihr Haus leerräumen würden. Jette ließ sich von einem der Pfleger mit der Polizei verbinden und bezichtigte uns dort des Einbruchs. Natürlich konnte man den Sachverhalt schnell aufklären, aber so war ich kurzzeitig ein Verdächtiger im Rahmen eines Wohnungseinbruchs. Der verursachte Stress warf Jette leider nachhaltig zurück.

Bei den Aufenthalten in Jettes Haus hatten wir sehr viel zu tun. Nicht nur, dass wir weitere Kleidung für das Krankenhaus zusammensuchten. Wir legten den überschwemmten Keller trocken und beseitigten die Ursache dafür. Jette hatte wohl irgendwann auch festgestellt, dass es in einen Kellerschacht regnete, weil die Abdeckung kaputt war, und dadurch Wasser eindrang. Als Abhilfe hatte sie eine Mülltonne auf den Schacht gestellt und musste dann alles vergessen haben.

So war es wohl auch mit den heruntergefallenen Dachziegeln, die ordentlich in den Carport geräumt und dann vergessen worden waren.

Mit dem Ausräumen einer Wohnung oder eines Hauses taucht man viel zu tief in die Geschichte eines Menschen ein. Vor knapp 30 Jahren hatte ich als junger Mensch die Aufgabe in Frankfurt die Wohnung meines verstorbenen Patenonkels Heinz zu entrümpeln. Die Gegenstände in einer Wohnung erzählen zu viele traurige Geschichten, wenn Menschen einsam sind. Lagerfeld irrte sich mit seiner Aussage „Wer eine Jogginghose trägt, hat die Kontrolle über sein Leben verloren", denn das untrügliche Zeichen für den totalen Kontrollverlust ist, wenn ein Mensch sich morgens nicht mehr anzieht, sondern nur noch einen schmutzigen Bademantel überzieht. Seit ich Heinz' Wohnung ausräumte habe ich eine Bademantel-Phobie. Und ausgerechnet so ein Bademantel hing, in diesem Fall jedoch nur leicht verschmutzt, in einem von Jettes Badezimmern. Ich fühlte mich zurückversetzt in Heinz Wohnung und durchlebte die damaligen Auseinandersetzungen mit meinem Vater, die der Anfang unserer Trennung waren, erneut. Bis heute schaffte ich es nur, ein paar Seiten von Heinz' mehrere tausend Seiten umfassenden Tagebuchs zu lesen. Beim Lesen kommen mir die Bilder aus der verlassenen Wohnung in den Sinn und bilden, mit den Schilderungen seines Alltags, einen traurigen Film voller Angst, Verzweiflung und Einsamkeit. Eine Geschichte, die ich zu Ehren dieses grandiosen Lehrers und wunderbaren Menschen auch noch erzählen werde.

Auf Jettes Dachboden lag, eingewickelt in eine Decke, auf einem Schrank die Nordmende-Quadrophonie-Anlage aus Jettes Haus in Hannover, in dem Koffer daneben ein defekter Montblanc-Druckbleistift mit O. W.s eingraviertem Namen und dessen unordentlich gefaltete Urkunde des Verdienstkreuzes am Bande, ein Verdienstorden der Bundesrepublik Deutschland.

Überall im Haus waren Kalender, Notizzettel und -Bücher, Adressbücher und Telefonregister mit Jettes Notizen, die alle von ihrem Kampf gegen das Vergessen erzählten. Vermutlich registrierte sie ihre Erinnerungs-lücken, wollte diese durch akribische Notizen ausgleichen, aber vergaß welcher Kalender aktuell war und in welchem sie schon etwas eingetragen hatte. So fanden wir Erinnerungszettel für Überweisungen, die sie mehrfach tätigte, da sie vergaß den Erinnerungszettel zu zerreißen oder mit einem „erledigt" zu markieren.

Im ganzen Haus waren Fotos von Reiner und seine kleinen Liebesbriefe an Jette verteilt. Seine Jacke hing nach sechs Jahren noch unberührt auf dem Haken im Flur und seine Kleidung war noch ordentlich gebügelt im Schrank aufgehängt. Auf Reiners Kopfkissen im Ehebett lag ein Foto seines Gesichts, in Originalgröße. Hatte sie versucht, seine Anwesenheit zu simulieren, um nicht allein zu sein? Es hatte nicht funktioniert, denn ihr Nachtlager fanden wir in einem der Gästezimmer. Vor dem Bett lagen die Fragmente eines Teppichs, der Kunststoff aufgelöst durch die Jahre dort auf dem Boden.

Die Lebensmittel in den Regalen des Vorratskellers waren durchweg abgelaufen und noch vor oder kurz nach Reiners Tod gekauft worden. Im Gefrierfach fanden wir viele offene Eispackungen und im Kühlschrank teils offene, aber alle erst kürzlich gekauft und rein vegetarische Lebensmittel. Von wegen Kochfisch. In wie weit Jette regelmäßig aß, konnten wir nicht erkennen, aber richtig gesund war ihre Ernährung sicher nicht.

Um all die organisatorischen Dinge erledigen zu können, über die ich noch berichten werde, mussten wir Schriftstücke, Papiere oder Bescheinigungen suchen und sichern. Momente in denen man sich vornimmt die eigenen Unterlagen künftig ordentlicher abzulegen. Wir brauchten dafür einige Zeit, da Jette nach Reiners Tod in verschiedenen Schränken, Schubladen und Regalen Papierstapel aus geöffneten und ungeöffneten Briefen auftürmte.

Dazwischen hatten wir wundervolle Abende in dem märchenhaften Garten im Harz, voller Stille, Frieden und Gerüche, die uns so sehr an Jette, die Besuche bei ihr und Reiner erinnerten. So tankten wir zwischendurch Kraft.

Jettes Auto musste in der Südheide abgeholt werden, wo sie es in der Nacht vor ihrer Einweisung abgestellt hatte. Da Jette uns im Krankenhaus ihren Autoschlüssel partout nicht geben wollte, stellte das Autohaus eine Kopie her. Im Haus fanden wir Monate später den Zweitschlüssel, aber das Original trägt Jette noch heute mit sich herum, derweil ihr Auto wahrscheinlich irgendwo in Afrika herumfährt.

Aus Kostengründen entschieden wir uns, den Wagen selbst abzuholen. Im stark verschmutzen Wageninneren fanden wir teils volle und teils leere Campari-Flaschen. Campari hatten Reiner und Jette in den Urlauben am Gardasee kennengelernt und gerne getrunken. Wir fanden weiterhin Orangensaft, einen Autoatlas von 1976, noch mit innerdeutscher Grenze, ein kleines Taschenmesser – ein Werbegeschenk der ehemaligen Firma meines Vaters aus den 60er Jahren – etwas Geld und anderen Kleinkram.

Die beidseitig losen Kotflügel, die wir mit Panzerklebeband fixierten, zeugten von mindestens zwei kleinen Unfällen. Und die Vorderreifen waren vollkommen abgefahren, obwohl sie nur ein paar Monate zuvor ausgetauscht worden waren. Später konnten wir Jettes mindestens 2-tägige Irrfahrt durch Norddeutschland anhand von Strafzetteln für Geschwindigkeitsübertretungen nachvollziehen. Sie fuhr vom Harz aus in Richtung Norden, war fast in Mecklenburg-Vorpommern, drehte dann Richtung Hamburg um, hatte wahrscheinlich zwei Mal im Auto geschlafen, war dann mehrfach von West nach Ost gependelt und schließlich in die Südheide gefahren.

Wir versuchten Jette in der Psychiatrie so gut wie möglich zu versorgen und sie so häufig wie möglich zu besuchen.

Bei der aus Jettes Kleiderschränken stammenden Kleidung mussten wir feststellen, dass vieles davon sehr alt und abgetragen war. Zudem hatte die Kleidung Größe 44 aufwärts, während die dünne Jette höchstens Größe 36 oder 38 trug. Aber Jette wechselte die Kleidung ohnehin nicht. Bei dem Termin mit dem Richter, in ihrem Haus, trug sie eine Bordeaux-farbene Jeans. Ich muss zugeben, dass ich nicht genau darauf achtete in welchem Zustand die Hose damals war, aber ich weiß, dass sie diese Hose danach durchgehend während ihres achtwöchigen Aufenthalts in der Psychiatrie und mindestens weitere vier Wochen danach trug. Ob sie die Unterwäsche wechselte, konnten wir nicht kontrollieren.

In der Klinik wurde zwar ein Waschservice für die Kleidung der Patienten angeboten, aber die Bearbeitungszeit bis zur Rückgabe war mit acht Wochen angegeben. Totaler Blödsinn, also versorgten wir Jette in der Klinik speziell mit frischer und teils neu gekaufter Unterwäsche und hofften auf deren Nutzung.

Durch Zufall fanden wir über BlaBlaCar eine junge Frau, die in unserer Nähe wohnte und wöchentlich zu ihrem Freund nach Göttingen pendelte. Sie unterstütze uns beim Abliefern des täglichen Bedarfs im Krankenhaus. Aber dort verschwand alles, ob Kleidung, persönliche Dinge oder Hygieneartikel. Kein Wunder, denn in allen Zimmern lebten unzurechnungsfähige Menschen aus ihren Koffern. Niemand kümmerte sich darum etwas in Schränke zu räumen oder die Patienten dabei zu unterstützen. Inzwischen weiß ich, wie schwer das ist. Bei einem Besuch im Krankenhaus versuchten wir mit Jette ihre Kleidung nach den Kriterien „benötigt" und „brauche ich nicht" zu sortieren. Mit einem Alzheimer-Patienten funktioniert so etwas nicht. Er vergisst binnen Sekunden, welcher Wäschestapel welcher ist. Teilweise erinnerte sich Jette nicht einmal an ihre eigene Kleidung, lehnte sie ab und verlangte von uns sie wieder mitzunehmen.

Kapitel 12

Was ist der Unterschied von Demenz und Alzheimer? Simpel ausgedrückt beschreibt Demenz den Zustand des geistigen Abbaus und ist der Oberbegriff für verschiedene Erkrankungen, während Alzheimer eine spezifische neurodegenerative Krankheit ist, die diese Demenz verursacht. Alzheimer ist mit ca. 60-65% die häufigste Demenz-Form. Die vaskuläre Demenz, also die Zerstörung von Hirngewebe aufgrund einer verringerten oder unterbrochenen Blutversorgung, folgt mit ca. 15%.

Das durch Alzheimer verursachte Schrumpfen des Gehirnvolumens von bis zu 20 % kann über eine Magnetresonanztomographie (kurz MRT oder auch Kernspintomographie) festgestellt werden. Zu dieser Untersuchung konnten die Ärzte Jette recht schnell überreden. Sie brauchten zwar drei Anläufe, da Jette die Untersuchung immer wieder abbrach, aber es gelangen ihnen dennoch aussagekräftige Aufnahmen, auf denen das schon merklich fortgeschrittene Schrumpfen ihres Gehirns zu erkennen war.

Die Ansammlung von Amyloid-Plaques zwischen den Nervenzellen (Neuronen) im Gehirn ist eines der Hauptmerkmale bei einer Alzheimer-Erkrankung. Beta-Amyloid ist ein Teil eines Proteins namens APP (Amyloid-Precursor-Protein) und hat in einem gesunden Gehirn die Aufgabe das Gedächtnis zu stärken. Bei einer Alzheimer-Erkrankung bilden sich giftige und mobile Beta-Amyloid-Klumpen (Oligomere), die im Verdacht stehen Nervenzellen zu schädigen. Sammeln sich mehrere Oligomere, bilden sich große, unlösliche Plaques (auch Fibrillen genannt). Durch diese Prozesse sterben die Nervenzellen ab und das Gedächtnis lässt nach. In den 90er Jahren entdeckten Forscher, dass sich eine Alzheimer-Erkrankung auch im Nervenwasser nachweisen lässt. Diese Flüssigkeit, wissenschaftlich als Liquor bezeichnet, umgibt das Gehirn und auch das Rückenmark.

Bei Alzheimer-Patienten enthält sie Bestandteile der beschriebenen Plaques und auch Abbauprodukte der Fibrillen, die sich früher erst nach dem Tod per Autopsie im Gehirn nachweisen ließen. Medikamente und andere Maßnahmen können Betroffene von Demenz oder Alzheimer zwar unterstützen, aber der geistige Abbau lässt sich bislang nicht effektiv aufhalten oder gar rückgängig machen.

Die Krankenkasse bezahlt bei einem begründeten Demenz- oder Alzheimer-Verdacht die Untersuchung. Wer sie selbst initiiert, muss die Kosten von bis zu 600 Euro (Stand 2024) selbst tragen.

Gegen diese Rückenmarksuntersuchung sträubte sich Jette über Wochen und die Ärzte mussten auch hier immer wieder neue Anläufe starten. Das Ergebnis bestätigte ihre Alzheimer-Erkrankung und schaffte endgültige Tatsachen. Eine Diagnose, über deren reine Existenz ich dankbar war, da ich so nun endlich Gewissheit hatte. Nun gab es nicht nur die laienhafte Diagnose meinerseits und die oberflächliche Diagnose durch die Hausärzte, was alles seitens der Anwältin so lapidar vom Tisch gewischt worden war.

Dieser sicheren Beurteilung konnten wir uns nun stellen und ein Umfeld suchen, wo Jette trotz ihrer Erkrankung noch ein sicheres und schönes Leben führen konnte.

Bei der Untersuchung zur Feststellung der Pflegestufe durch den medizinischen Dienst (MD) wurden ihre Defizite auch klar erkannt und vorläufig die Pflegestufe 3 attestiert. In Jettes Fall wurde der Antrag durch die Klinik gestellt. Normalerweise beantragt man entsprechende Untersuchungen bei der Krankenkasse, die dann den Medizinischen Dienst als unabhängigen Gutachter beauftragt. Der MD stellt fest, ob ein Pflegegrad bzw. eine Pflegestufe vorliegt und stellt eine Heimnotwendigkeitsbescheinigung aus, wenn eine Unterbringung in einem Heim zwingend notwendig ist. Diese Bescheinigung wird von Pflegeheimen verlangt, um dort überhaupt aufgenommen werden zu können.

Im Text von Jettes Gutachten des MD hieß es zusammengefasst: „Die Versicherte ist zeitlich und örtlich nicht durchgängig orientiert. Datum und Zeit kann sie nicht nennen. Das Kurzzeitgedächtnis ist nicht abfragbar. Mittagessen unbekannt. Auch beim Langzeitgedächtnis bestehen Defizite, sie kann ihren Beruf nicht nennen. Die Denkvorgänge sind verlangsamt und komplexe Sachverhalte werden nicht verstanden (Handybedienung). Tägliche Motivierung zum Aufstehen und zur Teilnahme am Leben gestalten sich schwierig."

Weder Jette, noch ihre Zimmergenossin konnten sich die Mitbewohnerin oder gar deren Namen merken. In der geschlossenen Psychiatrie waren viele Menschen mit extremen Auffälligkeiten einquartiert, sodass aus den verschiedenen Zimmern immer wieder laute Schreie ertönten, Mitbewohner auf der Suche nach Streit auffällig aggressiv oder provozierend die Gänge abliefen und andere Patienten immer nur stumm auf und ab gingen. In dieser Umgebung fühlte sich Jette gar nicht wohl und so trafen wir sie bei unseren Besuchen meistens selbstisoliert im umzäunten Innenhof, auf einer Bank sitzend, vor. Das half uns dabei, vor einem Treffen mit Jette Arztgespräche zu führen. Inmitten der Hin- und Herlaufenden vor dem Besprechungszimmer bestand immer die Gefahr von Jette erkannt zu werden, was häufig bei schlechtem oder kaltem Wetter passierte und Arztgespräche dann deutlich erschwert waren.

Auch in der Vergangenheit gestalteten sich Jettes ärztliche Untersuchungen sehr schwierig. Wir hatten bei unseren Besuchen nach Reiners Tod festgestellt, dass Jette sich ungern anfassen und untersuchen ließ, wenn sie sich beispielsweise am Knöchel verletzt oder anderweitig gestoßen hatte. War Jette bei Arztgesprächen zugegen, wurde sie schnell sauer, wenn die Mediziner mehr mit uns als mit ihr sprachen. „Ich kann meine gesundheitlichen Probleme wohl noch allein und ohne Hilfe besprechen!"

Von Untersuchung zu Untersuchung lernte sie die Ärzte immer neu kennen und beschwerte ich sich bei uns, noch nie untersucht worden zu sein.

Als sie irgendwann das gerichtliche Schreiben verloren hatte, wurde unser Verhältnis wieder besser. Aber wieso sie in dieser Umgebung untergebracht war, verstand sie einfach nicht. Sie war der Meinung auf dem Heimweg von der Beerdigung meines Vaters unaufmerksam gewesen und dabei auf die Gegenfahrbahn geraten zu sein. Es sei nichts passiert, aber sie hätte sich daraufhin entschieden nicht mehr Auto zu fahren und den Führerschein abzugeben. Wir vermuten, dass es sich hierbei um einen Mischmasch einschneidender Momente, der Beisetzung meines Vaters, dem schweren Unfall kurz davor und ihrer Irrfahrt vor der Einweisung, handelte.

Eine Einbildung, die Jettes Realität wurde. Wie ihre Einbildung, an einem Gehirntumor erkrankt zu sein und davon eventuell künftig beeinträchtigt zu werden. Sie war der felsenfesten Meinung, dass der Tumor aufgrund ihres Alters und der somit verminderten Zellteilung vielleicht gar keine Auswirkungen mehr hätte. Über dieses Thema sollten wir künftig bei fast jedem Aufeinandertreffen immer wieder, und teils mehrfach hintereinander, sprechen. Ihr zu widersprechen oder auf Alzheimer zu sprechen zu kommen war sinnlos und führte stets nur zu Verwirrung, Panik und zu Aggressionen.

Später erkannten wir, dass das Erfinden dieses Tumors genau dem entsprach, wie sie früher vorging, als sie für sich selbst eine positivere oder andere Darstellung der Ereignisse erfand und durch beharrliches Wiederholen und Erzählen als Realität ansah. Wie beim zufälligen Kennenlernen ihres Mannes, da eine Heiratsannonce nicht ihrem Weltbild entsprach.

Die Ärzte waren immer wieder von Jettes Intelligenz und der Geschwindigkeit ihres Denkens, in Kombination mit dem schnellen Vergessen des Geschehenen, überrascht.

In einem unserer Gespräche verglich ich Jettes Zustand mit einem Hochleistungscomputer, dessen CPU (Prozessor) noch mit nahezu uneingeschränkter Rechenleistung arbeitet, während das RAM (Hauptspeicher) defekt ist und keinerlei Informationen speichert. Dadurch war ihre Vergesslichkeit für oberflächlich beobachtende Menschen auch nicht offensichtlich.

Eines der ersten Anzeichen für Demenz oder Alzheimer ist das Vergessen von Namen und Terminen. Das erklärt vielleicht, dass Jette sich an keinen Arzt erinnern konnte, aber immer wieder zurück in ihr Zimmer fand – auch als sie nach Wochen in ein 3er Zimmer umziehen musste. Sie fand ja auch immer von ihrem Zuhause den Weg zum Friedhof im Elm und wieder zurück. Wie viele Fehlversuche bei der Zimmer- oder Friedhofsuche stattfanden, wissen wir natürlich nicht.

In dem nach vier Wochen zugewiesenem neuen Zimmer, mit zwei weiblichen Mitbewohnern, fühlte Jette sich noch unwohler. Kein Wunder, denn im Zimmer lagen drei Koffer auf dem Boden, da niemand die Kleidung in die dafür vorgesehenen Schränke räumte und so verschwand die Hälfte ihrer Kleidungsstücke. Eine der Frauen lag nur nackt und eingerollt auf ihrem Bett und brabbelte unverständlich vor sich hin. Die andere Frau gehörte zu der stummen Flurwandergruppe.

Kapitel 13

Wir brachten alles was uns möglich war in Jettes Haus in Ordnung und verbrachten sogar ab und an ein entspanntes Wochenende dort, um bei der Arbeit über alles nachzudenken. Unsere Gedanken kreisten dabei ständig um die Frage, was aus Jette würde.

Eine Rückkehr in ihr altes Leben war für uns ausgeschlossen und darin bekräftigen uns die Eindrücke in ihrem Haus, die Nachbarn und vor allem die Ärzte. Da Jette sich keine Personen merken konnte und bei fremden Personen oft gereizt und fast aggressiv reagierte, schied auch die Variante einer 24-Stunden-Betreuung bei ihr zu Hause aus. Dabei hatten wir das Beispiel einer ebenfalls an Alzheimer erkrankten Nachbarin im Kopf, die Pfleger einfach nachts vor die Tür setzte oder morgens als Einbrecher ansah. In Gesprächen mit anderen Betroffenen erfuhren wir, dass diese Form der Unterstützung zudem eine räumliche Nähe erfordert, da immer wieder Absprachen getroffen, kleine Streitigkeiten geregelt und auch Kontrollen durchgeführt werden müssen. Dies deckte sich mit unseren eigenen und damals schon 5-jährigen Erfahrungen bei der 24/7 Pflege von Petras Mutter.

Jette und Reiner hatten, beim Kauf des Baumes im Elm, das dem Friedhof gegenüberliegende Altenheim als Wohnmöglichkeit für Jette in Betracht gezogen, wenn Reiner gestorben sei und sie nicht mehr zu Hause leben konnte. Wir waren uns sicher, dass wir uns aufgrund der Entfernung nicht adäquat um Jette kümmern konnten, taten uns aber wegen der Nähe zu Reiners Grab und der ursprünglichen Überlegungen von Jette und Reiner schwer, dieses Heim sofort auszuschließen. Es entsprach zusätzlich so gar nicht unseren Vorstellungen, da die Zimmer über kein eigenes Badezimmer verfügten und mit mehreren Personen belegt wurden.

In Verbindung mit den gewonnenen Eindrücken der Psychiatrie in Göttingen war dieses Heim also keine Lösung.

Unsere Entscheidung, Jette in unsere Nähe zu holen, war im Nachhinein richtig, gestaltete sich aber viel schwerer und vor allem ganz anders, als wir uns das vorstellten. Wir gingen fest davon aus, Jette ab und an zu uns nach Hause holen zu können, um gemeinsam Zeit zu verbringen, ganz unkompliziert meine Mutter zu besuchen oder sie zum Shoppen oder auf ein Glas Wein mitzunehmen. Damals ahnten wir noch nicht, dass Jette dazu schon nicht mehr in der Lage war. Trotzdem war die Entscheidung richtig, denn auch den Aufwand, sich um alles Alltägliche im Heim zu kümmern, schätzten wir deutlich geringer ein. Umso näher ein Heim ist, desto weniger Wegezeiten fallen an.

Bei Besichtigungen von Heimen war die wichtigste Frage, ob Jette sich dort wohlfühlen könnte. Eine freie Auswahl der Unterbringung hat man jedoch nicht, da Vollbelegung der Normalfall ist und es daher Wartelisten gibt. Jette musste kurzfristig aus der furchtbaren Umgebung der Psychiatrie raus und es gab ja noch ein weiteres Problem: Der gerichtliche Unterbringungsbeschluss für die Einweisung galt nur für sechs Wochen und war bald zu Ende.

Doch dann fügte sich auf einmal eins zum anderen. Ein Pflegeheim in unserer Nähe eröffnete in diesen Tagen, nach einer Sanierung, neu und dort war auch noch ein wunderschönes Zimmer, mit eigenem Balkon und Blick auf die Ausläufer des Taunus, frei. Passend auch im zweiten und höchsten Stockwerk, dem vorgesehenen Bereich für Alzheimer- und Demenzpatienten, mit der maximalen Entfernung zum Ausgang.

Trotz der widrigen Umstände im Krankenhaus hatte sich Jette dort teils eingewöhnt, schien laut den Pflegern ganz besonders die gemeinsamen regelmäßigen Essen sehr zu genießen und fragte nicht einmal mehr nach ihrem Entlassungstag.

Um Jette auf den Umzug vorzubereiten, bastelte ich ein kleines Fotoalbum mit Aufnahmen von ihrem neuen Zuhause, kleinen Texten, Landkarten – wie nah sie uns und meiner Mutter kommen würde – und mit Beschreibungen der Einrichtung.

Bis heute weiß ich nicht wie Petra es allein schaffte Jettes Lieblingsmöbel, einen Schreibtisch und ein Regal mit ihren geliebten Inselbüchern aus dem Harz zu holen und in das Pflegeheim zu schaffen. Sie bestellte auch noch die exakt gleiche Kleidung, von den Socken bis zu Jeans und Pullis, neu, da ja vieles im Krankenhaus verloren ging. Bevor Jette umzog, war ihr neuer Kleiderschrank voll und das Zimmer im Pflegeheim wurde mit ihren eigenen Bildern und ihrer Dekoration verschönert.

Dann kam der Tag des Umzugs. Und vor diesem Tag hatten wir mächtig Angst. Angst vor dem Abholen und Jettes Erwartungshaltung, wohin die Fahrt nach der Entlassung ging. Aufgrund unserer Erfahrungen bei den Fahrten zur Beisetzung meines Vaters, auch Angst vor der Fahrt als solches. Angst vor der Ankunft und dem damit verbundenem Moment der Offenbarung, was für Jette vom Leben übrig blieb. Vielleicht war es feige, aber wir baten das Krankenhaus um einen Transportschein, um Jette per Krankentransport von Göttingen nach Hessen befördern zu lassen.

Wie oft wir in den letzten Jahren die Hilfe von Krankentransporten, Krankenwagen, Notärzten, Kranken-häusern, Hausärzten, Fachärzten und sonstigem medizinischem Personal in Anspruch nehmen mussten, kann ich nicht aufzählen.

Man war ausnahmslos freundlich zu uns, hilfsbereit, fürsorgend und verständnisvoll. Irgendwann ist jeder Mensch auf Hilfe und medizinische Unterstützung angewiesen und deshalb sollte die Gesellschaft diesen Menschen viel mehr Anerkennung zollen. Dabei beziehe ich engagierte Menschen in den Pflegeberufen mit ein.

Zurück zu Jette. Unsere Planungen funktionierten super, denn Jette wurde von zwei tollen Menschen, die optisch und vom Verhalten her die Zwillingsbrüder des Celle-Transportteams hätten sein können, souverän und freundlich in ihr neues Zuhause gebracht.

Wir wurden rechtzeitig über die Ankunftszeit informiert und empfingen Jette, die wieder ohne Schuhe in einem Rollstuhl geschoben wurde, mit einem Glas Sekt am Eingang. Gut gelaunt und voll Freude uns zu sehen, begleiteten wir sie in ihr Appartement. Ich bin absolut sicher, dass sie in diesem Augenblick sehr glücklich war. Sie war begeistert, dass ihre Lieblingsmöbel im Zimmer standen. Sie ging auf ihren Balkon und schaute mit den Worten „Wie schön ist es hier!" auf Wald, Wiesen und Felder. So standen wir mit Sektgläsern in Jettes Zimmer, prosteten uns zu und Jette meinte: „Hier möchte ich alt werden!"

Im Überschwang, dass alles so prima lief, stellten wir Jette beim Gehen noch eine große Flasche Campari in ihren Schrank und verabschiedeten uns in einer unglaublichen Hochstimmung. Die Flasche war schon am kommenden Tag leer und Jette war komplett verändert, übel gelaunt und unzufrieden. Ihre Euphorie und Begeisterung für ihr neues zu Hause hatte nur den einen Abend angehalten, sie glaubte immer noch im Krankenhaus zu sein und wartete auf ihre Entlassung.

Für uns stellte sich die Wäschethematik weiterhin schwierig dar. Jette trug noch immer die gleiche Jeans wie seit mindestens neun Wochen. Ihre eigene gewaschene und gebügelte Kleidung im Schrank akzeptiere sie nicht als ihre eigene, unabhängig davon, ob es sich tatsächlich um eigene Kleidung aus ihrem Haus oder um in Model, Farbe und Größe exakt identische aber neu gekaufte Wäsche handelte.

Auch die gekauften Hygieneartikel in ihrem Badezimmer akzeptierte Jette nicht. Wir kauften daraufhin hin, entsprechend den Leerverpackungen, die wir in ihrem Haus fanden, exakt die gleichen Marken und Packungsgrößen.

Das funktionierte besser. Wenn wir aus Zeitmangel nicht die Hautcreme ihres Herstellers mitbringen konnten, wurde diese Creme unbenutzt in den Kleiderschrank gestellt.

Von Anfang an hatte Jette einen enormen Bewegungsdrang, so dass sie ständig im Haus und der umzäunten Außenanlage spazieren ging. Da es sich um keine geschlossene Einrichtung für Menschen mit einem Weg- oder Hinlaufdrang handelte, hätte Jette natürlich auch das Haus verlassen können. Dies tat sie in diesen ersten Tagen und Wochen nicht, weil sie sich im Pflegeheim generell sicher fühlte.

Das Verlassen des Heims verursachte bei ihr sogar eine gewisse Panik. Ein Besuch bei meiner Mutter wurde nach wenigen Minuten beendet, da Jette nicht einmal Platz nahm und unbedingt wieder ins Pflegeheim zurück wollte. Ein Grund, weswegen wir Jette nicht ab und an zu uns nach Hause, zu familiären Anlässen oder zu einem Restaurantbesuch abholen konnten.

Kapitel 14

Ich stand fast jeden Spätnachmittag oder frühen Abend vor der verschlossenen Schiebetür des Pflegeheims und drückte auf den Klingelkopf. Immer mit einem negativen Test unserer Apotheke in der Hand, einer FFP3-Maske im Gesicht und zwei kleinen Campari-Fläschchen in der Tasche.

Beim Warten musste ich oft an Jettes Tagebucheinträge anlässlich Reiners Geburtstagen nach dessen Tod denken: „04.04.2017: Elm. Campari!!"

Wie viele dieser kleinen Campari ich im Laufe der Monate und Jahre ins Gebäude schmuggelte, kann ich nicht mehr sagen. Meistens waren es pro Besuch zwei Fläschchen, oft war es aber auch eine dritte für den Abend, die Jette dann flugs in ihre Hosentasche steckte. Nicht, dass man diesen Schlummertrunk verboten hätte oder mein Handeln unbemerkt geblieben wäre.

Ich wurde immer wieder mit einem Lächeln von Mitarbeitern und Heimbewohnern angesprochen, ob ich meiner Tante wieder einen Schnaps bringen würde. Jette versteckte die Fläschchen weiterhin und tat beim Trinken ganz heimlich, weil sie sich immer noch im Krankenhaus wähnte, wo Alkohol verboten war.

Wir saßen stets in jenem zweiten Stock an einer großen Fensterfront, schauten auf Wiesen und Wälder und sprachen über die gleichen Themen. Jette trank dabei ihren Campari und bemerkte nie, dass mein Fläschchen mit Himbeer-Sirup präpariert war.

Eingangstüren in Pflegeheimen bestehen meistens aus zwei hintereinander angeordneten Glas-Schiebetüren, die sich, wenn man sich von außen nähert, automatisch öffnen. Während der Corona-Pandemie war diese Automatikfunktion ausgeschaltet, um Besucher auf den Negativtest hin zu kontrollieren.

Von innen kommend musste man zunächst einen Taster neben der ersten Tür drücken, dann einen verdeckten und höher montierten zweiten Taster vor der zweiten Tür.

Eine Sicherheitsmaßnahme, damit Menschen mit kognitiven Einschränkungen nicht so einfach nach draußen laufen können. Mit Zustimmung eines Betreuers kann ein Bewohner auch mit einem GPS-Empfänger ausgestattet werden. Um sicher zu gehen, entschieden wir, Jette einen solchen Sender in ihre Handtasche legen zu lassen, doch sie fand den Chip immer wieder und gab ihn dann stets mit der Begründung „Das gehört mir nicht" bei den Pflegern ab.

Erstaunlich war, dass Jette irgendwann zwischen ihrer wirklich originalen Kleidung aus ihren Kleiderschränken und der identischen nachgekauften Kleidung unterscheiden konnte. Alles Neue, sogar neue Socken, wurde aussortiert und ebenfalls mit der Begründung „Das gehört mir nicht" abgelehnt.

Leider mussten wir feststellen, dass die Mehrzahl der Pfleger keine Erfahrung oder Ausbildung im Umgang mit Demenz- und Alzheimer-Patienten hatte. So lief abends eine Pflegerin von Zimmer zu Zimmer, öffnete mit der Frage „Schmutzige Wäsche?" die Türen und ging dann weiter. Ein Alzheimer-Patient kann sich nicht dran erinnern, ob er verschmutze Wäsche hat. Genauso wie er nicht weiß, ob er sich schon die Zähne geputzt oder geduscht hat, ob er gefrühstückt oder sonst etwas getan hat. Eigentlich ist das doch ganz einfach zu verstehen.

Dennoch stehen in den Zimmern der Pflegeheime unbeschriftete Behältnisse für Schmutzwäsche bereit und man erwartet, dass dort die getragene Kleindung selbständig gesammelt wird. Da Alzheimerkranke selbst dies vergessen, wird Jette wohl immer wieder ihre Schmutzwäsche in den hintersten Winkel des Kleiderschrankes gestopft haben. Dort suchen darf das Personal aus rechtlichen Gründen normalerweise nicht.

Bis der Prozess des Wäschewaschens gemeinsam organisiert war, Jettes Kleidung Label mit ihrem Namen hatte und alles mehr schlecht als recht funktionierte, vergingen Monate.

Als Angehöriger muss man sich um viele solcher Dinge kümmern und deren Umsetzung auch immer wieder kontrollieren. Wir waren davon ausgegangen, dass sich das Heim im Rahmen der Pflege darum kümmern würde. Eine unserer vielen Fehleinschätzungen.

Leider fanden wir in Jettes Schrank auch häufig Kleidung, die ihr gar nicht gehören konnte, zum Beispiel Herren-Wollsocken der Größe 47, die auch noch ein Label mit ihrem Namen hatten. Solche dummen Fehler lösen bei demenzkranken Heimbewohnern eine Panik aus, die ihnen nicht guttut.

Jette drehte weiterhin ihre Runden im Innenhof und durch die Flure. Sie nahm, stets etwas abseits der anderen Menschen, bei fast allen Veranstaltungen des Pflegeheims teil und spielte zeitweise bei den täglichen Mensch-ärgere-dich-nicht-Runden mit. Dieses Spiel ist eine Beschäftigung, bei der man sich nichts merken muss und daher gut für demenziell veränderte Menschen geeignet ist. Den durch uns in ihrem Zimmer aufgestellten Fernseher konnte Jette nicht bedienen, da sie weder unseren Erklärungen noch denen der Pfleger zuhörte oder folgen konnte. Auch ein mitgebrachtes unkompliziertes Radio wurde deshalb nicht eingeschaltet. Ihre aufgehängten Gemälde hängte sie immer wieder ab und räumte sie nach und nach in eine Schublade, aber das Fotoalbum zu ihrem neuen Zuhause lag immer auf ihrem Tisch.

Wir sind sicher, dass Jette in dieser Zeit einen heftigen Kampf zwischen Akzeptanz und Ablehnung mit ihrer Situation ausgefochten hat. So malte sie bei einer Beschäftigungstherapie ein buntes Türschild mit ihrem Spitznamen. Kaum war das Schild an ihrer Tür befestigt, riss sie es ab und zerfetzte es mit den Worten: „Woher wissen die hier meinen Namen?"

Ich beobachtete einmal einen Mitbewohner, der beim Anblick seines Namens an seinem Türschild wie wild tobte, das Schild und zusätzlich die Lampe über der Tür abriss und beides voller Wut zerstörte, bevor ich einen Pfleger rufen konnte.

Der alte Herr war ein paar Tage zuvor eingezogen und soll kurz danach mit dem Sprung aus einem Fenster Suizid begannen haben. Sicher gibt es Heimbewohner, die ihr Schicksal akzeptieren, sich sogar wohl fühlen, soziale Kontakte knüpfen und sich arrangieren. Aber andere tun dies eben nicht. Ein Schild an der Tür scheint etwas Endgültiges darzustellen und mit dessen Zerstören drückt der Mensch wohl seine pure Verzweiflung und den Wunsch nach seinem Zuhause aus.

Ist ein Mensch impulsiv veranlagt, reagiert er leidenschaftlich mit der Zerstörung von Beweisen, während geduldigere Menschen tagtäglich dasitzen und darauf warten abgeholt zu werden.

Wie ein anderer Bewohner, der dauerhaft glaubte nur in einer dreiwöchigen Reha-Maßnahme zu sein. Oder wie die Frau, die mich in Jettes Heim immer wieder fragte, wann und wo das Schiff zum Nachbardorf ablegen würde, da sie unbedingt nach Hause müsse. Das größte Gewässer im weiteren Umkreis ist der vielleicht ein bis zwei Meter breite Solmsbach.

Kapitel 15

Da ich es irgendwann zeitlich nicht mehr schaffte, Jettes vielen Freunden, Verwandten, Bekannten und ehemaligen Kollegen jeweils einzeln Bericht zu erstatten, entschied ich mich zu einem Infobrief an alle mir bekannten Kontakte. Ich bat darin auch um Verständnis, dass wir die vielen und teils allabendlichen Telefonate nicht mehr bewältigen konnten und bat darum, Jette, ohne auf Antwort zu hoffen, zu schreiben und sie auch zu besuchen. An die Briefe und auch die Besuche konnte sie sich sehr schnell nicht mehr erinnern.

In unseren Gesprächen erzählte sie oft von ihrer besten Freundin Ursula, die „mit einem neuen Mann ins Ausland verschwunden sei" und von der sie seit Jahren nichts gehört hätte. Sophia und alle anderen Freundinnen seien schon seit Jahren tot. In solchen Moment fiel es mir schwer nicht zu widersprechen, denn gerade die Freundinnen Giesela und Sophia besuchten Jette oft und regelmäßig.

So kam ich auf die Idee bei ihr einen Bilderrahmen mit einer Collage aus Fotos von ihr und den jeweiligen Besuchern zu schenken. Jette zerstörte den Bilderrahmen. Dessen Kleinteile und die zerknüllten Aufnahmen von ihr mit Ursula, Sophia, meiner Mutter und anderen fanden wir inmitten der Schmutzwäsche im hintersten Winkel ihres Schrankes. Meine gut gemeinte Idee hat bei Jette wohl eine Panik ausgelöst, weil sie sich nicht an die Begebenheiten erinnern konnte.

Ihre Besucher waren aufgrund der strengen Coronaregeln im Pflegeheim oft unsicher. Viele hatten auch Angst, die Begegnung mit der dementiell veränderten Jette nicht allein meistern zu können. Daher begleitete ich sie fast alle und blieb die ersten Minuten dabei. Jette erkannte all diese Menschen nicht, da bin ich sicher. Meistens fanden wir die ständig umherlaufende Jette nicht sofort, sodass die Besucher noch mehr gestresst waren.

Standen sie sich dann gegenüber und die Besucher schauten Jette erwartungsvoll an, fragte Jette jedes Mal, ob man sich kenne. Sie wartete die Antwort ab und unabhängig davon, ob der Besucher mit einem „Ja, ich bin doch …" oder „Ja, wir kennen uns doch" antwortete, reagierte Jette spontan mit „Na klar, ich habe dich doch erkannt, war mir aber nicht sicher …" So waren sich alle Besucher gewiss, erkannt worden zu sein.

In Gesprächen hatte Jettes Erkrankung keinerlei Einfluss auf ihre Reaktionszeit oder die gewählten Inhalte. Im Gegenteil, ihre Antworten waren blitzschnell, ironisch, sarkastisch und lustig wie eh und je. Sie konnte elegant auf neue Themen reagieren und eigene Unsicherheiten, wie beim geschilderten Erkennen von Personen oder wenn sie im Gespräch den Faden verlor, eloquent kaschieren.

Daher konnten sich die Menschen weiterhin oft nicht vorstellen, dass Jette ein Handicap hatte. Ein Fußpfleger erzählte der Pflegedienstleitung, dass Jette geistig doch noch so fit sei und er gar nicht verstehe, dass sie im Demenzbereich des Pflegeheims untergebracht sei.

Verglich ich Jette mit den anderen Kranken im Pflegeheim, stellte ich fest, dass eine demenzielle Veränderung umso leichter erkennbar ist, desto ausgeprägter der normale, altersbedingte, intellektuelle Leistungsabfall ohnehin schon ist. Da Jettes Denkfähigkeit immer noch hoch war, fielen ihre Probleme beim Speichern von Informationen entsprechend weniger auf. Jette sprang in Sekundenbruchteilen auf, wenn sie Kraniche hörte und suchte den Himmel teils schneller nach den Vögeln ab als ich. Andererseits behauptete sie, jeder Kranichzug würde an exakt der gleichen Stelle am Himmel eine Warterunden für langsamere Tiere drehen, als wir dieses Schauspiel einmal beobachteten.

Ihre Gedanken kreisten stets um dieselben Themen und bei jedem Besuch wurden diese mehrfach besprochen. Jette war der Meinung, dass wir sie irgendwann abholen würden, damit sie in einer Einrichtung in unserer Nähe leben könnte.

Ihr zu widersprechen brachte nichts und vereinzelte Hinweise, nur 5 km entfernt zu wohnen, führten nur zu Verwirrung und großer Traurigkeit.

Das zweite zentrale Thema war ihr Haus, dass wir verkaufen sollten, sobald wir noch einmal zusammen mit ihr dort waren. Vor Ort wollte sie schauen, was sie noch brauchen könnte und vor allem nach Kleidung suchen, da sie nichts zum Anziehen hätte. Am wichtigsten war es ihr, sich noch von den Nachbarn zu verabschieden, da es eine gute Nachbarschaft gewesen war. Natürlich deshalb, weil sie bei jedem Nachbarschaftstreffen den von allen heiß begehrten Häufigkeitskuchen gebacken hätte. Das Rezept von Jettes Häufigkeitskuchen, einem Apfelkuchen, ist leider verloren gegangen und sie hat daran auch keine Erinnerung mehr. Reiners Lieblingsnichte Ruth fand jedoch ein Zettelchen von Jette mit einem Rezept, das der Häufigkeitskuchen sein müsste.

Am ersten Weihnachtsfeiertag 2022 feierten wir zu dritt Jettes 83. Geburtstag im Pflegeheim. Dort hatte sie inzwischen zwei Kontakte. Ihren Tischnachbarn Herrn Lippert, dem ich bei jedem Besuch neu vorgestellt wurde. Und Frau „Ebeler-Ebeler", die wir so tauften, weil sie Jette immer mit „Hallo Frau Ebeler … Ebeler" rief.

Jette stellte mich jedem als ihren Lieblingsneffen vor und ich antworte stets mit „Und du bist meine Lieblingstante". Die Menschen bekamen dies aufgrund von Jettes Vergesslichkeit sehr häufig zu hören und so wurde ich im Pflegeheim „der Neffe". Ich bin auch nicht sicher, ob Jette beim Vorstellen immer meinen richtigen Namen parat hatte und dies so überspielte.

Häufigkeitskuchen:

Mit 240 g Butter, 220 g Mehl und Zucker einen Teig kneten und in eine eingefettete Form geben. Äpfel schälen, in dünne Scheiben schneiden, in Puderzucker wälzen und auf den Teig legen.

Mit 150 g Mehl, 75 g kalter Butter und Zucker Streusel machen und auflegen. Bei 220 Grad eine halbe Stunde backen.

Kapitel 16

Unsere Gespräche an der Fensterfront drehten sich, bei Campari, immer wieder um Jettes Standardthemen.

Eines dieser Themen war ihre Heimfahrt von der Beerdigung meines Vaters zu ihr nach Hause, dem Beinaheunfall und der Rückgabe ihres Führerscheins. In der Realität baten wir Jette immer wieder vergeblich um die Herausgabe ihres Führerscheins, konnten ihn dann in einem günstigen Augenblick aus ihrer Handtasche nehmen und umgehend der Führerscheinstelle zuschicken. So kamen wir um die zwangsweise Entziehung der Fahrerlaubnis, das Auftauchen von Polizei im Pflegeheim zwecks Einziehung des Führerscheins und die Kosten von ca. 800 Euro herum. Die Mitarbeiterinnen der Behörde riefen uns nach dem Eintreffen des Führerscheins an, weil sie sich über den guten Ausgang der Angelegenheit freuten.

Auch Ostpreußen spielte für Jette immer wieder eine wesentliche Rolle. An einem Abend bat sie mich, nach ihrer Standardfrage „Wisst ihr, dass ich rechts neben Reiner beerdigt werden möchte?", mir etwas zu merken.

Bei ihrer Beisetzung wolle sie zwei Lieder gespielt haben: „So nimm denn meine Hände" von Julie von Hausmann und, ganz wichtig, das Ostpreußenlied. Dieses Lied kenne ich seit meiner frühsten Jugend, denn die Verwandten der Vorkriegsgeneration sangen es bei jedem Familientreffen. Und als sie starben, wurde es ausnahmslos auch auf deren Beerdigungen gespielt und gesungen.

Jette wünschte sich auf ihrer Plakette am Friedwald-Baum im Elm zu ihrem Namen den Hinweis „Geboren am 25.12.1939 in Erlenfließ, Ostpreußen", damit die Menschen beim Vorbeigehen erführen, woher sie kam. Sie hatte ihre ostpreußische Heimat zusammen mit Reiner im Jahr 1992 und nochmals 1994 besucht, wobei sie sich bei unseren Gesprächen nur an einen Besuch erinnern konnte.

Sprachen wir von dieser Reise, musste sie immer lachen und mir berichten, dass sie in einem Reisebus nach Ostpreußen gefahren seien und Reiner ganz unglücklich zwischen zwei schunkelnden Damen saß, die beide mit einer großen Oberweite ausgestattet waren.

Jette schrieb in einem anderen Schulaufsatz: „Das Haus und der Garten waren von einer Weißdornhecke umgeben. Sie wurde regelmäßig von meinem Vater beschnitten, wobei er immer über sein gutes Auge von den Nachbarn bewundert wurde. […] In dem Garten gab es außer dem Erdbeerbeet ein Plätzchen, dass mir besonders gut gefiel. Es war das runde Steinbeet, auf dem Stiefmütterchen und andere kleine Blumen blühten."

Das erinnerte mich sehr an ihren Garten im Harz. Doch wie fanden Jette und Reiner das Elternhaus vor? Die nun dort lebenden Russen hatten es heruntergewirtschaftet, die Zimmer waren voller Müll und Unrat, die Fensterrahmen waren teilweise herausgebrochen und als Brennholz verwendet worden. Dabei war, nach vierzig Jahren, im Garten noch immer das von meinem Großvater akkurat in Kegelform gestapelte Brennholz in Hülle und Fülle vorhanden. Ansonsten war der Garten, wie Jette mir damals nach ihrer Ostpreußen-Reise in einem Brief schrieb, „die reinste Wildnis". Als ihre Mutter von Jette wissen wollte, ob ihr Garten gepflegt ausgesehen hätte, konnte sie ihr nicht die Wahrheit sagen.

Bei ihren Besuchen entwendete sie Erde aus dem Garten der Mutter und schüttete diese beiden Eltern später bei deren Beisetzungen mit ins Grab. So wurde meinen Großeltern Otto (geb. 16.01.1904 in Neuendorf) und Emmi (geb. 18.09.1908 in Erlenfließ) ihr größter Wunsch erfüllt, in der Heimaterde bestattet zu werden.

Im Alter drehen sich die Gedanken von Menschen immer mehr um die eigenen Themen, Sorgen und Nöte und bei Besuchen ist es anstrengend mit ihnen darüber zu sprechen.

Mit Alzheimer erlischt die Erinnerung über diese Themen gesprochen zu haben binnen Minuten und sie werden deshalb mehrfach besprochen. Ich zählte nicht immer mit, aber bei einem Besuch sprach ich mit Jette achtmal über das gleiche Thema.

Das erfordert schauspielerisches Talent, dazu hohe Konzentration und ist wirklich anstrengend. In der Annahme, erstmals über das für ihn so wichtige Thema zu sprechen, irritiert den Kranken jede für ihn nicht authentische Kommunikation oder unpassende Reaktion. Ist man zum Beispiel durch die ständigen Wiederholungen eines Themas irgendwann unaufmerksam, wird dies als Desinteresse gewertet. Lacht man beim wiederholt gemachten Scherz nicht oder nur gezwungen, führt das zu Irritationen. Jettes Berichte über die wunderbare Nachbarschaft bei ihr zu Hause endeten beispielsweise immer mit dem Scherz: „Wir haben uns so gut verstanden, weil ich immer den Häufigkeitskuchen für alle backte." Auf ein durch mehrfaches Wiederholen unechtes Lachen reagierte sie dann etwas eingeschnappt: „… aber das habe ich ja sicher schon hundertmal gesagt!"

Bei Menschen mit Alzheimer rücken die aktuellen Ängste in den Mittelpunkt des Denkens, auch die unbewältigten Aufgaben, die offenen Fragen am Ende des eigenen Lebens oder nur noch zufällig gespeicherte Momente der schwindenden Erinnerung. Jette sprach niemanden mehr mit Namen an und erzählte mir, Petra und ein paar Monate später auch den Pflegern stets die gleichen Geschichten:

„Sag, ihr kümmert euch doch um eine Wohnmöglichkeit bei euch in der Nähe? Es hat keinen Zweck, dass ich zurück in das große Haus gehe. Dein Vater. Er hätte nie locker sein können, hätte sein Leben nie genießen können und hätte allen das Leben schwer gemacht und besonders deiner Mutter. Seine Bevorzugung durch unsere Mutter. Er konnte studieren, aber für meine Ausbildung hatte man kein Geld. Ich würde ja heiraten und dann würde mich mein Mann versorgen.

Den Satz von Väterchen ‚komm wir gehen spazieren‘, wenn die Mutter streng wurde, vergesse ich nie. Daran muss ich so oft denken.

Dann sollte ich einen Mann heiraten, man stelle sich das vor. Da bin einfach abgehauen und wie viel Glück ich dann hatte. Da fahre ich auf einen Parkplatz, dort steht ein dunkelroter Opel. Stell dir vor ein Opel. Ich stelle mich daneben mit meiner roten Ente. Was ein Unterschied.

Dann sind wir spazieren gegangen und sechs Wochen später haben Reiner und ich geheiratet. Es war eine schöne Zeit mit ihm. Wir haben uns gut verstanden. Wir hatten eine gute Nachbarschaft. Dank meinem Häufigkeitskuchen. Ich kann nur sagen, gut, dass Reiner nicht hier ist. Er wäre schon längst aus dem Fenster gesprungen.

Wisst ihr eigentlich, wo ich beerdigt werden soll? Ja? Also rechts neben Reiner.

Ihr kümmert Euch doch um eine Wohnmöglichkeit bei Euch in der Nähe …?“

Kapitel 17

An dieser Stelle möchte ich die ganze Organisation ansprechen, die in derartigen Fällen auf einen Betreuer oder Betreuungsbevollmächtigten zukommt.

Die zu einer Heimeinweisung notwendige Feststellung des Pflegegrads hatte ich schon kurz angesprochen. Den Antrag können Pflegebedürftige selbst stellen, ich kann mir aber nicht vorstellen, dass dies der Praxis entspricht und dass es eher die Angehörigen, Betreuer oder Bevollmächtigten sind, die diesen Antrag stellen. Es genügt ein formloses Schreiben an die jeweilige Krankenkasse, dem man die Bevollmächtigung in Kopie beifügen sollte. Eine Vollmacht gibt man niemals im Original aus der Hand!

Falls man sich hinsichtlich des Wortlauts unsicher ist, findet man entsprechende Vordrucke auf den Internetseiten der Krankenkassen. Die Krankenkasse beauftragt daraufhin den Medizinischen Dienst (MD) und dann geht es schnell. Die gesetzlich vorgegebene Bearbeitungsfrist für Anträge auf Pflegeleistungen beträgt nämlich 25 Arbeitstage. Während der Corona-Pandemie wurden Befragungen oft telefonisch durchgeführt, aber im Normalfall kommt der MD ins Haus. Es ist nicht verkehrt, als Betreuer bei diesem Befragungstermin und Folgeterminen mit dem MD anwesend zu sein.

Älteren Menschen ist es oft peinlich zugeben zu müssen, dass sie Handicaps haben und nicht mehr alles so hinbekommen wie in jungen Jahren. Daher sind sie bei den Befragungen oft nicht ehrlich, spielen die bestehenden Probleme herunter oder stehen aus Nervosität so unter Adrenalin, dass sie während des Termins tatsächlich alles hinbekommen. Auch wenn keine Heimunterbringung ansteht, hilft ein Pflegegrad sowohl den Betroffenen als auch den unterstützenden Menschen, da dadurch, neben der finanziellen Unterstützung, Umbauten in der Wohnung zur Barrierefreiheit, ein Putzdienst und anderes möglich werden.

Um einen Heimbewohner an seinem neuen Wohnort anzumelden, muss man unter Vorlage der Betreuungsvollmacht einen Termin bei der Stadt oder Gemeinde vereinbaren. Die Vollmacht wird oft eingescannt, um sie bei künftigen Amtsgeschäften nicht erneut vorlegen zu müssen. Mit einer Ummeldung des Wohnorts ist es möglich auch den bisherigen Personalausweis ändern zu lassen. Einen neuen Personalausweis kann man jedoch nur mit einem neuen biometrischen Passfoto beantragen. Ob man sich den Stress beim Fotografen antun möchte, muss man selbst entscheiden und vielleicht auch davon abhängig machen, ob ein Ausweis tatsächlich noch gebraucht wird. Seit dem 01. Mai 2025 erstellen die Behörden Passbilder teilweise auch selbst beim Beantragen des Ausweises.

Amtliche Dokumente wie Wahlbenachrichtigungen, Post vom Finanzamt und Mitteilungen anderer Behörden kommen dann im Pflegeheim an. In der Theorie sorgt dessen Verwaltung dafür, dass man als Bevollmächtigter diese Post erhält und sie nicht zerknäult im Mülleimer des Heimbewohners landet.

In der Praxis funktioniert das nur teilweise, weil beispielsweise ein neuer Briefträger das Procedere nicht kennt oder die Post am Samstag ankommt, wenn die Verwaltung des Heims nicht arbeitet. Hier hilft ein Nachsendeantrag bei der Post, den man, mit der eigenen Zieladresse, erstaunlich unkompliziert online beantragen kann. Insgesamt sollte man mehrere Nachsendeanträge stellen, einen Nachsendeantrag „Pflegeheim" und einen Nachsendeantrag „Alter Wohnort". Trotzdem muss man am alten Wohnort ggf. den Briefkasten kontrollieren oder neue Bewohner um eine manuelle Nachsendung bitten, denn Behörden und Firmen lassen auch mit privaten Dienstleistern zustellen oder organisieren die Zustellung selbst.

Übersicht Pflegegeld, Pflegegrad und Kosten

Leistungen	Pflegegrad 1	Pflegegrad 2	Pflegegrad 3	Pflegegrad 4	Pflegegrad 5
Pflegegeld (m)	Kein Anspruch	347 €	599 €	800 €	990 €
Pflegesach-Leistungen (m)	Kein Anspruch	796 €	1.497 €	1.859 €	2.299 €
Entlastungs-Beitrag (m)	131 €	131 €	131 €	131 €	131 €
Pflege Hilfsmittel (m)	bis zu 42 €	bis zu 42 €	bis zu 42 €	bis zu 42 €	bis zu 42 €
Hausnotruf (m)	25,50 €	25,50 €	25,50 €	25,50 €	25,50 €
Entlastungs-Budget*	-	3.386 €	3.386 €	3.539 €	3.539 €
Tages-/Nachtpflege (m)	-	721 €	1.357 €	1.685 €	2.085 €
Anpassung am Wohnraum					
(je Maßnahme)	4.180 €	4.180 €	4.180 €	4.180 €	4.180 €
DiPA** (m)	53 €	53 €	53 €	53 €	53 €
Wohngruppen-Zuschuss (m)	224 €	224 €	224 €	224 €	224 €
Vollstationäre Pflege (m)	-	805 €	1.319 €	1.885 €	2.096 €

(Stand 2025; ohne Gewähr)

m = monatliche Leistung

j = jährliche Leistung

* Neu seit 01.04.25 ab Pflegegrad 2 und neu seit 01.07.25 ab Pflegegrad 4 als Zusammenlegung der bisherigen Budgets für Kurzzeit- und Verhinderungspflege, wenn die Ersatzpflegeperson nicht mit der pflegebedürftigen Person verwandt oder verschwägert ist, beziehungsweise mit ihr zusammenlebt.

** DiPA = Digitale Pflegeanwendungen

Wir gingen auf Jettes Konto alle Zahlungsausgänge und -eingänge der letzten Jahre durch. Es wurden einige wahrscheinlich nie gekündigte aber ungenutzte Handyverträge abgebucht, die wir alle, jeweils mit Kopie der Vollmacht, kündigten.

Während viele andere Kündigungen und Umstellungen problemlos waren, stellten sich die Mobilfunkbetreiber teils quer. Ich empfand dieses Verhalten als skrupellos. Jahrelang ungenutzte Mobilfunkverträge sollten noch Monate weiterbezahlt und ein verloren gegangener und ewig alter Receiver teuer ausgelöst werden.

Bevor wir uns entschieden, ob wir die Mitgliedschaften bei Vereinen oder Dauerspenden an Organisationen kündigten, verschafften wir uns einen Überblick über Jettes wirtschaftliche Situation.

Ein Pflegeheim ist nicht billig und in Deutschland gibt es viele Menschen, die zu Hause von Angehörigen gepflegt werden müssen, weil die Unterbringung im Heim für sie unerschwinglich ist. Je nach Ort der Pflege und Pflegegrad sind die Kosten niedriger oder höher. Die Pflegekasse trägt einen großen Teil der Kosten, aber es bleibt ein Eigenanteil, der von der Rente oder anderem Einkommen bezahlt werden muss. Reicht das nicht aus, muss das Vermögen zur Zahlung herangezogen werden, unabhängig davon, ob es sich um Bar- oder sonstige Vermögenswerte handelt. Ich muss dringend davon abraten Ersparnisse kurzfristig aufzulösen, da die Behörden hier ganz genau hinschauen.

Seit dem 1. Januar 2020 sind Kinder ihren Eltern erst ab einem Jahresbruttoeinkommen von mehr als 100.000,- Euro zum Unterhalt verpflichtet und müssen auch erst dann für Heimunterbringungs-kosten aufkommen.

Den Anspruch machen in aller Regel die Sozialhilfeträger geltend und fordern dann zur Offenlegung von Einkommen und Vermögen auf. Hierbei ist nicht das Familieneinkommen relevant, sondern nur das Einkommen des Kindes.

So kann der Ehe- oder Lebenspartner nicht zu Unterhaltszahlungen für Schwiegereltern herangezogen werden. Liegt das Einkommen unter 100.000 Euro, können auch die Kinder nicht zu Unterhaltszahlungen herangezogen werden und es findet keine Vermögensüberprüfung statt. Liegt das Einkommen über 100.000 Euro oder existiert bereits ein gerichtliches Urteil zum Elternunterhalt, sollte man darüber nachdenken, sich anwaltlich beraten zu lassen. Alles, was über dem Selbstbehalt und dem Schonvermögen liegt, muss man dann für den Unterhalt der Eltern einsetzen.

Insgesamt sollte man bei der Kalkulation des notwenigen Finanzbedarfs für Heimbewohner auch Reserven einrechnen, denn es gibt tatsächlich zusätzliche Kosten: In das Taschengeldkonto beim Altenheim müssen monatlich Einlagen eingezahlt werden. Hiervon werden Ausgaben im Pflegeheim gedeckt, die nicht in den Pflege- und Unterbringungskosten enthalten sind. In Jettes Fall zum Beispiel für die angebotenen Dienstleistungen wie Friseur oder Fußpflege.

Bei Demenz oder Alzheimer erinnert sich der Betroffene nicht, wann er das letzte Mal beim Friseur war, so dass man entweder zig Friseurbesuche oder auch gar keinen auf der monatlichen Abrechnung findet. In vielen Pflegeheimen kann sich der Bewohner auch Bargeld auszahlen lassen, um beispielsweise bei einem organisierten Besuch im Supermarkt etwas kaufen zu können.

Kosten entstehen auch durch benötigte neue Kleidung, einen Festnetzanschluss im Heim, ein Smartphone, die Tageszeitung, die Versorgung mit Keksen, mal eine Flasche Wein oder Bier, spezielles Obst, da dieses im Pflegeheim oft auf Bananen, Äpfel und Trauben beschränkt ist, Schreibbedarf, den Rundfunkbeitrag, wenn man nicht durch den Bezug von Bürgergeld oder das Merkkennzeichen RF bei der Schwerbehinderung davon befreit wurde, und so weiter.

Apropos Schwerbehinderung: Mit der Diagnose fortgeschrittener Demenz und der Feststellung des Pflegegrades kann es sehr sinnvoll sein, einen Schwerbehindertenausweis zu beantragen.

Je nach festgestelltem Behinderungsgrad ergeben sich hier Vorteile wie eine Steuerentlastung, die Befreiung von der KFZ-Steuer, ein oranger oder sogar blauer Parkausweis für den Betreuer, den kostenlosen Transport in öffentlichen Verkehrsmitteln, auch für Begleitpersonen, Nachlässe bei Eintrittskarten und anderes. Der Antrag kann entweder online gestellt werden oder man erhält das entsprechende Formular beim Versorgungsamt. Hilfe beim Ausfüllen leistet der Sozialverband VdK Deutschland e. V., sofern der Betroffene dort bereits Mitglied ist.

Kosten entstehen auch durch die Zuzahlungen bei Medikamenten. Zu einer Zuzahlungs-befreiung kann man sich bei der Krankenkasse informieren und diese ggf. schriftlich beantragen. Belegen Sie Anträge zum Nachweis des Erreichens der persönlichen Belastungsgrenze mit Quittungen, die man mit jeder Zuzahlung in personifizierter Form erhält.

Die notwendigen Medikamente müssen für das Pflegeheim verblistert werden. Bei der maschinellen Verblisterung werden feste und orale Arzneimittelformen wie Tabletten und Kapseln vollautomatisch in kleine Tüten eingeschweißt. Diese Einzeltüten, beschriftet mit dem Namen und dem Einnahmezeitpunkt – morgens, mittags und abends – werden als Blister bezeichnet. Dabei werden auch die Medikamente getrennt, die bei gemeinsamer Lagerung ihre Wirkung verlieren oder beeinflussen. Um die Organisation, vom Arztbesuch bis hin zur Lieferung der verblisterten Medikamente ins Pflegeheim, kümmert sich theoretisch das Heim. Dennoch ist es von Vorteil sich mit den Ärzten und der Apotheke abzustimmen, um einerseits wichtige Informationen, an die der zu Pflegende nicht denkt, weiterzugeben oder andererseits schnelle Hilfe zu erhalten, wenn kurzfristig mal ein zusätzliches Medikament oder eine Salbe benötigt wird.

Um die Versorgung mit Hygieneartikeln kümmert sich das Pflegeheim nicht. So müssen Zahnpasta, ab und an eine neue Zahnbürste, Duschgel, Seife, Shampoo, Cremes und alles, was sonst benötigt wird, vom Betreuer oder den Angehörigen besorgt werden. Dies wird durch eine dementielle Veränderung erschwert, da der Kranke nicht weiß, ob er noch genügend von diesen Dingen hat. Man muss also kontrollieren. Der Kranke weiß auch nicht, wie oft er sich hintereinander die Hände wäscht oder wie oft er sich das Gesicht eingecremt hat, so dass der Verbrauch sehr schwankend sein kann.

Wenn der Betroffene, wie in Jettes Fall, auch noch glaubt, nur temporär im Pflegeheim bleiben zu müssen oder in ein anderes Pflegeheim umziehen zu können, kann man im Heim kaum Vorräte anlegen. Mehrere Verpackungen lösen eine Angst bis hin zur Panik aus, dass der Zeitraum der Unterbringung sehr lange sein könnte. Erklärungen wie „Dann nehme ich die überschüssigen Cremes das nächste Mal wieder mit zu mir" oder „Jetzt kann ich das leider nicht wieder mitnehmen, da ich zu Arbeit muss" können dann hilfreich sein.

Kapitel 18

Wir Baby-Boomer wurden pflichtbewusst erzogen, glauben immer irgendwie durchhalten zu müssen und akzeptieren für uns kein Aufgeben. Aber in diesen Tagen stieß ich oft an meine Grenzen und musste feststellen, dass meine eigene Kraft endlich ist. Die Zeit nach dem Tod meines Vaters hatte mir vielfältig zugesetzt und rückblickend hatte ich aufgrund der massenhaften Verpflichtungen nicht einmal angefangen, dessen Tod zu verarbeiten. So kam mir in dieser Zeit immer wieder einer seiner Sprüche in den Sinn: „Stress ist nicht viel arbeiten zu müssen. Stress ist es, wenn man weiß, dass man die Arbeit nicht in der zur Verfügung stehenden Zeit schaffen kann."

Wie oft ich in den Harz oder sonst wohin fuhr, konnte ich irgendwann nicht mehr zählen und wie viel für Jette zu tun, zu beantragen und zu erledigen gewesen war, fiel mir erst jetzt auf. Wir hatten irgendwie funktioniert, uns selbst oft hintenangestellt und eigene Probleme wegignoriert.

Mir ist es auch heute unerklärlich, wie Petra dies mit ihren eigenen schweren Erkrankungen alles schaffte. Wir hatten zu Hause eine 24/7 Pflege für Petras Mutter, mit all den dazugehörigen Aufgaben, die man erst durch eigene Erfahrungen bewerten kann. Ich bekam, abgesehen von den kurzfristigen, aber mir ja auch zustehenden, Urlaubstagen, kaum Verständnis oder gar Unterstützung von meinem Arbeitgeber. Hut ab hingegen vor Petras Behördenleitung, den vorbildlichen Vorgesetzten und den lieben Kollegen, die sich stets tadellos verhielten und wirkliche Empathie und Verständnis zeigten.

In den ersten Wochen waren wir nahezu täglich bei Jette im Pflegeheim, aber nun war es an der Zeit zumindest ein wenig an uns selbst zu denken.

Wir hatten ein schlechtes Gewissen und das Gefühl, Jette im Heim allein zu lassen und mussten uns immer wieder sagen:

Wenn wir selbst aufgrund der Belastung ausfallen, hilft es niemandem.

Auch Jettes Nachbarin Else sagte bei meinen Arbeitseinsätzen im Harz mehrfach zu mir, ich solle mich schonen und Jette nicht so oft besuchen. Das täte mir nicht gut.

Es war schön Jette zu besuchen, weil sie sich immer so sehr freute, aber auch entsetzlich anstrengend. Menschen reagieren unterschiedlich auf Belastungen und ich persönlich bin generell nur sehr eingeschränkt belastbar. Meine Akkus waren einfach leer. Zu lange hatte ich Jettes Leben gelebt und mich nahezu ausschließlich um ihre Belange gekümmert. Nun musste sich mein Leben auch wieder um meine Familie und auch mich drehen.

Um Jette auch ohne unser Zutun ein wenig mehr Abwechslung und den Kontakt zur Familie, den Nachbarn und Freunden zu ermöglichen, statteten wir sie mit einem einfachen Seniorenhandy aus. Das Experiment scheiterte aber schon nach zwei Tagen. Sie rief die ihr noch bekannten Nummern an, meine Mutter am ersten Tag 37-mal und mich ähnlich häufig. Da Jette mit der Bedienung nicht zurechtkam und unkontrolliert auf den Tasten herumdrückte, versendete sie zusätzlich dutzende automatisierte Notfall-SMS. Weil wir diese Belastung weder uns noch anderen zumuten konnten, mussten wir ihr das Gerät wieder abnehmen. Sie merkte es nicht einmal und vergaß es sofort wieder. In den folgenden Monaten fragte Jette ab und an, ob es nicht sinnvoll wäre, wenn sie ein Handy hätte. Meistens kam ihr sofort die Einsicht, dass sie ja gar keine Telefonnummern wisse und die meisten ihrer Bekannten ohnehin schon tot seien.

Auch das Pflegeheim war von einem eigenen Handy der dementiell erkrankten Bewohner nicht begeistert, da die Gefahr eines Anrufs bei Notrufnummern zu groß ist. Auch wenn Anrufer offensichtlich verwirrt sind, muss die Polizei bei der Aussage „Ich werde gegen meinen Willen festgehalten" diesem Hinweis vor Ort nachgehen.

Selbst wenn der Sachverhalt schnell geklärt ist, schafft die Präsenz der Polizei im Pflegeheim extreme Unruhe und damit Probleme.

Mit Anrufen der Heimbewohner muss man aber auch rechnen, wenn diese kein eigenes Handy oder einen Telefonanschluss haben. Die Pfleger werden genötigt den Außenkontakt anzurufen. Umso unqualifizierter die Angestellten sind, desto schlechter können sie Stresssituationen mit den Patienten meistern und greifen auch in nichtigen Situationen überfordert zum Telefon.

Für den Patienten handelt es sich tatsächlich um ein akutes großes Problem, wie bei Jette zum Beispiel um fehlende Papiertaschentücher, Nasenspray oder mangelndes Bargeld. Anfangs brachten wir das Gewünschte just in time zu ihr, aber der Wunsch war bei unserer Ankunft im Heim dann schon wieder vergessen. Wir bekamen aber auch Anrufe aus tiefer Verzweiflung, wenn Jette den Grund für ihre Unterbringung wissen wollte, einen Schuldigen für ihre Situation suchte oder nicht wusste, wie sie mit einem postalisch erhalten Schriftstück umgehen sollte.

Pflegeheime haben immer eine gewisse Ähnlichkeit mit Krankenhäusern. Meine Abneigung gegen diese Umgebung hat ihren Ursprung in meiner Kindheit, da meine jüngere Schwester nach ihrer Geburt viele Jahre sehr krank war und ich daher schon als Kleinkind in vielen Kliniken war.

Damals waren Kinder dort unerwünscht, so dass ich bei Operationen und Krankenhausbesuchen meiner Eltern meistens stundenlang, und in Sorge um meine Schwester, im Auto warten musste. Schon wieder eine Geschichte, die ich vielleicht irgendwann erzähle. Als ich mit fünf Jahren erstmals selbst zum Entfernen meiner Mandeln im Krankenhaus war, empfand ich diesen Ort als unerträglich und schmiedete nachts Ausbruchspläne.

Alzheimer und Demenz sind unheimlich und machen mir Angst.

Mein Opa Ludwig soll in jungen Jahren ähnlich erschreckende Erfahrungen mit diesen Krankheiten gemacht haben, denn er schluckte seitdem und bis ins hohe Alter hinein Pillen, um nicht an ihnen zu erkranken.

Obwohl ich mich so intensiv mit dem Thema beschäftige und inzwischen so ausgeprägte Erfahrung mit Jette habe, komme ich mit dieser Krankheit überhaupt nicht zurecht, sie macht mich einfach fertig. Wie schaffen es Menschen mit dem Gedächtnisverlust wirklich nahestehender Menschen, wie dem Ehepartner, zu leben?

Man kann gewisse Verhaltensweisen lernen, wie man beispielsweise Demenzkranken nicht widerspricht, sie bei Fehlern nicht korrigiert oder sie bei unerfüllbaren Wünschen immer wieder vertröstet. Aber man ist bei dieser Krankheit nie davor gefeit selbst Fehler zu machen oder Situationen falsch einzuschätzen.

So betrat ich einmal das Pflegeheim, als eine demente Bewohnerin nach einem Pfleger rief und eine Zigarette forderte. Dessen Antwort „Ja, gleich, ich muss nur noch die Tischdecken wegbringen" wertete ich sofort als Taktik, die Frau vom Rauchen abzuhalten. Aber als ich ein paar Minuten später mein vergessenes Smartphone aus dem Auto holte, saß die alte Frau genüsslich rauchend vor der Tür. Da lag ich mit meiner Einschätzung falsch. Ein paar Tage später erfuhr ich jedoch, dass die Reaktion des Pflegers eine Verzögerungstaktik zur Reduzierung des Zigarettenkonsums jener Frau war.

Mir tun diese kranken Menschen leid. Sicher haben sie sich früher einmal den eigenen Lebensabend nicht so vorgestellt. Der durch den Gang schlurfende alte Mann in heruntergelassen Unterhosen, voller Kot. Die auf dem Boden sitzende Frau, die verzweifelt versuchte die Blätter einer gerade selbst in Kleinteile zerlegten Zimmerpflanze wieder zusammenzufügen. Die Frau, die sich in jedes Bett legte, wenn eine fremde Zimmertür offenstand. Es gab Heimbewohner, die den Ehepartner bei Besuchen nicht erkannten.

Andere sahen einen anderen Heimbewohner als ihren Ehepartner an und erkannten den tatsächlichen Partner nicht mehr. Bilder und Geschichten, die ich nicht mehr aus dem Kopf bekomme.

Meiner Meinung, Erfahrung und Überzeugung nach, gibt es keine wirklich gute Pflege. Benötigt man Pflege, ist das Leben nicht mehr so schön wie es war und wird auch nicht mehr so werden. Punkt. Weil Pflegeberufe schlecht bezahlt werden, gibt es entweder gar kein oder nur schlecht ausgebildetes Personal. Auch wenn der Personalschlüssel, also die Anzahl der Heimbewohner pro Pfleger, in der Pflegestufe 3, also bei stark hilfebedürftigen Menschen, irgendwo zwischen 1,7 und 2,8 angesiedelt liegt, ist nicht immer ein Pfleger verfügbar.

Durch diese langen Phasen ohne Betreuung oder Hilfe entstehen weiterer Frust und Wut bei den Betroffenen und auch den Angehörigen, da die immensen Kosten für die Heimunterbringung einfach nicht der gebotenen Leistung entsprechen.

Zum Beispiel traf ich bei meinen Besuchen im Heim oft eine Bekannte, deren Mutter in einem der Nachbarzimmer untergebracht war. Sie war bettlägerig, lag sich inzwischen schon wund, kotete sich ein und es dauerte oft Stunden, bis jemand nach ihr schaute. So war die Tochter mindestens vier Mal am Tag dort, um für sie da zu sein.

Der durchschnittliche Eigenanteil ohne Leistungszuschlag betrug im Jahr 2024 in Baden-Württemberg 3.479 Euro. Auch wenn sich der Leistungszuschlag der Pflegekasse in den ersten Pflegejahren erhöht, ist Pflege richtig teuer.

1tes Jahr: 15% Leistungszuschlag, Eigenanteil 3.180 Euro

2tes Jahr: 30% Leistungszuschlag, Eigenanteil 2.880 Euro

3tes Jahr: 50% Leistungszuschlag, Eigenanteil 2.481 Euro

4tes Jahr: 75% Leistungszuschlag, Eigenanteil 1.982 Euro

In Anbetracht dieser Kosten müsste sich um alle Belange dieses Heimbewohners gekümmert werden, aber so ist es leider nicht. Wie viele Personen sich um einen Menschen pflegerisch kümmern, wird durch die Personalrichtwerte festgelegt. Diese sind für jedes Bundesland unterschiedlich und werden teilweise (wie in Hessen) sehr kompliziert berechnet. Exemplarisch sind hier die Angaben für Nordrhein-Westfalen (Stand 2019; ohne Gewähr) wo eine Vollzeitstelle (VK) sich bei

Pflegegrad 2 um 4,66 pflegebedürftige Bewohner,
Pflegegrad 3 um 3,05 pflegebedürftige Bewohner,
Pflegegrad 4 um 2,24 pflegebedürftige Bewohner und
Pflegegrad 5 um 2,00 pflegebedürftige Bewohner kümmert.

Die für einen Heimbewohner zur Betreuung verfügbare Zeit reduziert sich in der Praxis durch notwendige Schulungen, wegen Krankheit, durch vorgeschriebene Dokumentationen, durch Urlaub und auch durch Schichtdienstwechsel.

In den vielen Jahren haben wir uns oft furchtbar über die Pflegeorganisation von Angehörigen aufgeregt, uns angemessen und leider auch unangemessen beschwert, höflich um Verbesserungen gebeten, gedroht und gebettelt. Gebracht hat das alles nichts.

Immer wieder wechseln die Verantwortlichen oder das Personal. Beschwert man sich zu arg, wird der Pflegevertrag seitens des Pflegedienstes einfach gekündigt. Unterm Strich geht es bei der Pflege nur ums Geld. Da Zeit auch Geld ist, sind diskutierende Angehörige nicht nur nervig, sondern auch ein unerwünschter Kostenfaktor. Wechselt man aufgrund unerträglicher Pflegebedingungen den Dienstleister, wird es nicht besser, obwohl alle Manager oder die Verkäufer bei Vorgesprächen den Himmel auf Erden versprechen.

Alles Nonsens, denn alles wird genauso schlimm wie vorher. Oder noch viel schlimmer.

Aber wir haben auch eine Handvoll sehr liebe, fürsorgliche und mitfühlende Menschen kennenlernen dürfen, die ihren Pflegeberuf lieben und für die ihnen anvertrauten Menschen alles geben. Diesen Menschen sind wir, auch im Namen von Jette und Petras Mutter, für immer sehr dankbar.

Da Menschen mit Gedächtnisproblemen sich nicht daran erinnern können, bitten Sie einfach die Leitung des Pflegeheims um ein Gespräch und lassen sich erzählen, was Ihr Angehöriger den lieben langen Tag tut und was für ihn seitens der Pflege getan wird.

Durch die vorgeschriebene akribische Dokumentation erfahren Sie an welchen Veranstaltungen im Heim er teilnahm, Details zur Körperpflege oder zu Arztterminen, wann er an welchen Ausflügen teilgenommen hat und so weiter. Das ist viel mehr als das vom Kranken berichtete, stimmt gegenüber der Pflege gnädiger und lässt auch einfacher über das ein oder andere Manko hinwegsehen.

Kapitel 19

Die ärztliche Versorgung von Jette gestaltete sich zunehmend schwieriger. Zumindest die Einnahme von Medikamenten ist in Pflegeheimen durch die Pfleger und den Standardprozess der Tablettenausgabe zu den Mahlzeiten gewährleistet.

Bei Krankheiten, Verletzungen oder anderen medizinischen Auffälligkeiten werden die Heimbewohner von den kooperierenden Hausärzten aus der Umgebung im Haus untersucht und hierauf wird die Medikamentierung bei Bedarf ergänzt oder angepasst. Soweit die Theorie.

Schon das Erkennen einer Krankheit ist bei einem Alzheimer-Patienten schwer. Zwar ist das Pflegeheim verpflichtet das Gewicht zu kontrollieren oder den Körper auf Verletzungen zu untersuchen, aber eine auffällige Verdauung, Schmerzen beim Wasserlassen und andere kurzzeitige Schmerzen und Symptome werden vom Patienten zwar wahrgenommen, sind aber sofort vergessen. Jette wurde aufgrund ihrer beharrlichen Weigerung von körperlichen Untersuchungen „zufällig" beim Duschen gestört, um nach Verletzungen schauen zu können.

Damit bewegten wir uns in einer Grauzone der Rechtsprechung, aber so konnte unter anderem eine Sturzverletzung am Oberschenkel erkannt werden. Die durch uns legitimierte Vorgehensweise war darüber hinaus die einzige Alternative zu einer Unterbringung in einer geschlossenen Einrichtung, inklusive der dort notwendigen Einnahme von starken Psychopharmaka. Fiel uns etwas an Jette auf, informierten wir die Pflegedienstleitung. Eine vereiterte Wunde am Fuß konnte dank des Hinweises der Fußpflege rechtzeitig behandelt werden. Ein blaues Auge fiel sofort auf, doch wie es dazu kam wusste Jette nicht mehr.

Die Fahrten zu Fachärzten waren eine große Geduldsprobe.

Da ein Alzheimer-Patient nicht einschätzen kann, wie lange er in einem Auto mitfährt, erscheint ihm die eigentlich kurze Fahrt endlos lang.

Eine Fahrt zu einer nur vier Autominuten entfernten Eisdiele kommentierte Jette mit: „Wenn ich gewusst hätte, wie weit wir fahren, wäre ich nicht mitgekommen!" Auch das Ziel von Fahrten wird sofort vergessen und führt zum ständigen Fragen, wohin es denn geht.

Viele Fragen der Ärzte können nicht beantwortet werden, zum Beispiel die Fragen nach der Häufigkeit von Symptomen, Vorerkrankungen, bisherigen Arztbesuchen, Fragen zu Zusammenhängen, wie dem Auftreten von Schmerzen nach dem Essen oder zu Schlafstörungen in der Nacht.

Oft sind die Beschwerden beim Arzt gar nicht mehr präsent und häufig fällt dem Patienten nicht einmal auf, dass er überhaupt Beschwerden hat. Demenz- und Alzheimer-Patienten bemerken zum Beispiel sehr oft nicht, dass sie unter Schluckbeschwerden leiden. Dann essen und trinken sie einfach nicht mehr.

Bei Untersuchungen gab es immer wieder Diskussionen, da Jette der Überzeugung war, ihre Untersuchungen auch ohne meine Hilfe durchführen lassen zu können. War ich anwesend, wurden Ärzte harsch angegangen, wenn diese mit mir und nicht mit ihr sprachen. Ich verstehe es aber auch nicht, warum gerade viele Mediziner unpassend mit Alzheimerkranken umgehen.

Um den Eindruck zu erwecken direkt mit dem Patienten zu sprechen, kann man sich entsprechend räumlich positionieren oder ihn direkt mit dem Namen ansprechen, auch wenn die Informationen eher für den anwesenden Betreuer gedacht sind. Stattdessen schicken Ärzte ihre Rechnung für die Diagnose „Alzheimer" direkt an den Kranken. Kein Scherz, das passierte mehrfach.

Alle Arztbesuche sind auf der Heimfahrt immer schon wieder vergessen und so stellt die Behandlung einer Krankheit eine weitere Herausforderung dar, da Alzheimer-Patienten auch nicht an das Einreiben mit einer Salbe, an die Wundversorgung oder eine Kühlung denken. Hier sind bis zu einem gewissen Grad die Pfleger gefordert.

Als Jette zwei Stiftzähne abbrachen, löste sich ihre obere Zahnprothese und konnte nicht erneuert werden, weil die Wundversorgung der hierfür notwendigen neuen Stifte im Kiefer nicht gewährleistet werden konnte und damit die Infektionsgefahr zu groß war.

Da Alzheimer-Patienten zudem häufig ihre Zahnprothesen verlieren oder auch in der Toilette herunterspülen, werden diese ab einem gewissen Krankheitsstadium generell einfach nicht mehr erneuert. Wie andere Schmerzen, werden selbstverständlich auch Zahnschmerzen medikamentös behandelt, Füllungen eingebracht oder Zähne gezogen. Als Jette die folgenden drei oder vier Wochen immer wieder nach ihren Zähnen fragte, mussten wir sie jedes Mal anlügen und einen kurzfristigen Zahnarztbesuch in Aussicht stellen. Dann war der Verlust der Zähne vergessen.

Der Worst Case ist ein Krankenhausaufenthalt des Alzheimerpatienten. Bei einer Untersuchung beim Augenarzt stellte man bei Jette einen grauen Star fest, der nur stationär entfernt werden konnte. Wir standen, wegen der Erfahrungen mit Jette im Krankenhaus in Göttingen, ihrer dortigen Verweigerungshaltung zu Untersuchungen und Anwendungen, vor der Entscheidung, ob die Augenoperation wirklich notwendig war oder nicht.

Im Idealfall, so erklärte uns der Augenarzt, würde bei Patienten mit demenzieller Veränderung das Rooming-in mit einer Begleitperson durchgeführt. Die Begleitperson ist also während des gesamten Aufenthalts Tag und Nacht im Krankenhaus mit dabei.

Die zusätzlichen Kosten können durch die Krankenkasse des Patienten übernommen werden, sofern eine entsprechende medizinische Indikation vorliegt.

Rooming-in ist, gottlob, kein Muss. Angehörige von Alzheimerpatienten sind sowieso einer Vielzahl von Belastungen ausgesetzt und um diesen Herausforderungen gewachsen zu sein, ist ein Abstand und ein ungestörter Nachtschlaf wichtig. Wenn Angehörige berufstätig sind oder eine Familie versorgen müssen, ist Rooming-in teils unmöglich. Wenn es Verwandte und Freunde gibt, die sich bei Krankenhausbesuchen organisiert abwechseln können, ist das sicher eine Alternative.

Ich selbst hatte mir vorgenommen im Eventualfall offen mit dem Sozialdienst des Krankenhauses zu sprechen und zuzugeben, dass ich eine ständige Anwesenheit im Krankenhaus wegen meiner Krankenhausphobie nicht schaffte, auch wenn es die Alternative eines organisierten Besuches mangels Unterstützer nicht gab.

Viele Krankenhäuser kooperieren für diese Fälle mit Ehrenamtlichen. Genannt seien hier die „Grünen Damen und Herren" der evangelischen und katholischen Krankenhaushilfe, die Patientinnen und Patienten während des Krankenhausaufenthalts durch Gespräche und Beschäftigungsangebote unterstützen, kleinere Besorgungen erledigen oder zu Untersuchungen begleiten.

Kapitel 20

Jette hatte zeitlebens klassische Musik gehört, die Radios im ganzen Haus waren auf entsprechende Sender eingestellt und die Langspielplatten im Wohnzimmerregal, und auch die CDs neben ihrem Schreibtisch, hatten dieses Genre. Doch bei einem Sommerfest des Pflegeheims wippte Jettes Fuß auch unaufhörlich zur böhmischen Blasmusik. Eine Musikrichtung, die sie früher eher verabscheute. Einen Moment lang tanzte sie sogar Frau Ebeler-Ebeler an, nippte an ihrem Eierlikör, dem allseits beliebten Getränk von Pflegeheimfesten, und lachte dann zusammen mit meiner Mutter, die mich an diesem Tag begleitete. Wir hatten den Eindruck Jette wäre angekommen, sie käme gut zurecht und sei zufrieden.

Diese Hoffnung zerplatzte sofort wieder, als meine Mutter eine Bekannte traf, die davon berichtete, ihre im Altenheim lebende Mutter zu besuchen. Als meine Mutter ihr Jette mit den Worten „Und ich besuche hier meine Schwägerin" vorstellte, wurde Jette stocksteif und stellte trotzig klar: „Ich wohne hier nicht!"

Wir hatten oft den Eindruck, dass Jette sich uns gegenüber stets unzufrieden mit ihrer Situation zeigte, während sie ihre Lage eigentlich schon akzeptierte, da sie laut mehreren Pflegern an fast jeder Veranstaltung des Pflegeheims teilnahm, ob es sich nun um eine Lesung, eine Filmvorführung oder das Oktoberfest handelte.

Zwar meist am Rande, abseits der Massen, aber immerhin. Ihr Zimmer dekorierte sie, genau wie ihr Haus im Harz, mit Gräsern in Vasen und vielen Steinen, die sie am Wegesrand fand. Die anderen, in ihrem alten Leben gesammelten Steine, entsorgte ich zu dieser Zeit beim Ausräumen ihres Hauses.

Andererseits lehnte Jette weiterhin jegliche Vorratshaltung von Cremes, Seifen, Keksen und Fruchtsäften mit dem Hinweis „Hier bleibe ich ja nicht lange", verbunden mit dem sehnsüchtigen Wunsch an einem normalen Leben teilhaben zu können, ab. Dies machte sie daran fest, noch einmal einen Cappuccino trinken gehen zu können oder mit normalen Menschen Kontakt zu haben. Möglichst in einer eigenen Wohnung, möglichst direkt in unserer Nähe, aber mit gegenseitigem Abstand und Rücksichtnahme. Wie oft versprach Jette feierlich dann nicht täglich an unserer Tür zu klingeln. Sie rang uns dann immer das Versprechen ab ihr in den Hintern zu treten, wenn sie durch ihren Tumor plemplem und lästig würde.

Natürlich versuchten wir ihr dieses normale Leben zumindest ab und an zu ermöglichen. So fuhr Petra mit ihr, wie bereits berichtet, auf einen Cappuccino in die nächstgelegene größere Stadt Wetzlar. Alles war sofort vergessen, auch der Cappuccino. Ein Leben im Moment und nicht in der Normalität. Die häufig mitgebrachten Schokoladenkekse wurden ohne Ausnahme mit den Worten „Woher weißt du denn, dass ich diese kleinen Kekse mit Schokolade am liebsten mag?" kommentiert. Ebenso Standard war die Frage, welches Auto mir gehörte, wenn Jette mich beim Abschied nach draußen und zu meinem Wagen begleitete. Auf diesen letzten Metern bekam Jette oft Panik, wiederholte alle bereits gestellten Standardfragen mehrfach und bedankte sich immer wieder. Fuhr ich los, stand sie noch lange auf der Straße und winkte zum Abschied.

Alle Informationen, die als Spickzettel in Form von Bildern, Grußkarten und eigenen Notizen auf ihrem Tisch im Heim lagen, blieben so lange gespeichert, bis sie weggeworfen wurden. Der Tod meiner Schwiegermutter war täglich Thema, bis die Trauerkarte nicht mehr auf dem Tisch lag. Auch der tödliche Unfall eines Freundes war nach dem Wegräumen von dessen Trauerkarte kein Thema mehr. Jette freute sich eine lange Zeit über zugeschickte Fotos von Reiners Grab, die ihr der Förster des Elm zuschickte.

Sie zeigte sie mir über Monate bei jedem Besuch mehrfach und vergaß die Fotos unmittelbar nachdem sie diese in einer Schublade verstaute.

Auf der anderen Seite lernte Jette Dinge hinzu, merkte sich die Funktionsweise der Taster am Ausgang, den Namen ihres festen Tischnachbarn Herrn Lippert oder die Essenszeiten. Da muss ich an die Maxime meines Großvaters „Studieren ist Repetieren" denken, denn einmalige Ereignisse vergaß Jette hingegen sofort. Wollte sie gerade noch von einer Sozialarbeiterin die Fingernägel in glitzerpink lackiert bekommen, rannte sie kurze Zeit später wild schimpfend durch das Pflegeheim, weil man ihr, gegen ihren Willen und während sie schlief, die Fingernägel in einer unmöglichen Farbe bemalt hätte.

Der Verlust des Kurzzeitgedächtnisses wirkte sich auch auf Jettes Kommunikationsfähigkeit aus, denn es fiel ihr immer schwerer sich auf mehrere Gesprächspartner zu konzentrieren. Mit Einzel-personen zu sprechen war unproblematisch und Menschen, die sie auf ihren Spaziergängen ungehemmt ansprach, bemerkten ihre Defizite nicht. Aber als Frau Ebeler-Ebeler Jette und mich beim Betreten des Pflegeheims auf mein Harley-Davidson-T-Shirt ansprach, von ihrer motorradfahrenden Tochter erzählte und Jette ins Gespräch einbezog, konnte sie diese Aussagen nicht zusammenzufügen. Solche Überforderungen machten sie ungehalten, unfreundlich und nervös. Wenn der Heimleiter mich kurz grüßte und ein 3er-Gespräch begann, zog Jette mich oft mit den Worten „Woher kennst du denn den?" zur Seite, um der unüberschaubaren Situation zu entkommen. Sicher hatte es auch damit zu tun, dass Jette bei Besuchen die ungeteilte Aufmerksamkeit forderte, denn sie lehnte es häufig kategorisch ab gemeinsam mit anderen im Speiseraum einen Kaffee zu trinken.

„Wir setzen uns zu zweit irgendwo anderes hin!" Als ich einmal müde auf einen Kaffee drängte, behauptete sie sogar, dass es dort keinen Kaffee gäbe.

Sobald sich jemand unaufgefordert zu uns setzte oder stellte, oder sich gar in unser Gespräch einmischte, hing ihre Reaktion davon ab, ob sie denjenigen mochte oder nicht.

Bei dem Tischnachbarn Herrn Lippert, der gerne mit ihr flirtete, war sie ausgesprochen freundlich und stellte uns weiterhin jedes Mal gegenseitig vor. Bei den ihr unangenehmen Mitbewohnern reagierte sie unfreundlich und teils grob.

Besonders gegenüber Kranken, unter Psychopharmaka stehenden und fast apathischen Patienten oder aufgrund von Demenz schreienden Menschen, war Jette zunehmend aggressiv. Es gab immer wieder Vorfälle von Schubsen, Kneifen oder Stoßen und seitdem Jette einen Gehstock benötigte, drohte sie gerne damit. Saß ich mit ihr vor unserer Fensterfront, achtete sie kontinuierlich darauf, ob sich jemand näherte. Wenn dies passierte, wurde flink der Campari versteckt und, bei Unterschreiten des gebotenen Mindestabstandes, auch laut und deutlich zum Verschwinden aufgefordert.

Kapitel 21

Jettes Spaziergänge in die Umgebung wurden ausgedehnter. Bei der ortsansässigen Tankstelle wurde sie Stammkundin, holte sich dort einen Kümmerling oder Eiscreme und lief wieder zielsicher zurück zum 1 km entfernten Pflegeheim. Mit Eiscreme verbinden an Demenz und Alzheimer erkrankte Menschen bessere Zeiten, in denen diese Delikatesse an besonderen, freudigen Anlässen zusammen mit Freunden und geliebten Menschen genossen wurde. So werden Erinnerungen an ein glücklicheres Leben wach. Als man sich etwas leisten konnte und in einer Gemeinschaft ohne Einsamkeit lebte. Beim ersten Genuss von einem geschmacksintensiven Lebensmittel entsteht eine Geschmackserinnerung, die auch nicht mehr löschbar oder ersetzbar ist.

Bei Graupensuppe die negative Assoziation zu Hunger und Armut. Bei Eiscreme häufig positive Kindheitserinnerungen, an den Sommer, das Schwimmbad, Freude und Geborgenheit bei den Eltern. Also an jene Zeiten, an die sich ein Alzheimerpatient am besten erinnert. Rein sachlich gesehen aktiviert schon ein einziger Löffel Speiseeis Genuss-Rezeptoren und Lustzentren im Gehirn, auf dem orbitofrontalen Cortex, einem Teil des Assoziationscortex auf der Großhirnrinde, der sensorische und motorische Informationen verknüpft.

Außerdem ist er an der Gedächtnisbildung, Planung, Ausführung, Informationsverarbeitung und Unterdrückung unerwünschten Verhaltens beteiligt.

In einer ähnlich weit entfernten kleinen Pizzeria bestellte Jette ab und an einen Beilagensalat zum Mitnehmen und mir wurde auch berichtet, dass sie in einem anderen Gasthaus zum Trinken einkehrte.

Ich sprach mit den Inhabern aller Geschäfte im Umkreis, bat sie gegenüber Jette freundlich zu sein und mir unbezahlte Dinge in Rechnung zu stellen.

Unglaublich, dass sie den Weg hin und dann wieder zurückfand, auch wenn sie wohl hin und wieder an Haustüren schellte, um nach dem Weg zu fragen. Es wäre übertrieben zu sagen, sie wäre bekannt wie ein bunter Hund gewesen, aber irgendwie fiel sie vielen Menschen im Ort auf und ich wurde auch immer wieder auf meine Tante angesprochen. So wurde mir auch berichtet, dass man Jette Zigarette rauchend beobachtet hätte. Ich wüsste nicht, dass sie jemals geraucht hätte.

Auf ihrem Zimmer gefundene, ausgefüllte Sudoku- und Kreuzworträtsel zeugten davon, dass Jette sich selbst noch beschäftigen und noch Gehirnleistungen vollbringen konnte. Aber es gab auch viele Tage mit Problemen. Zum Beispiel durch eine von Jette erworbene Jacke in Größe 44, bei einer Verkaufsveranstaltung im Pflegeheim. Kleidung in Größe 44, die wir ja auch in ihrem Haus vorrangig fanden, hatte Jette irgendwann in den 80ern getragen und inzwischen lag ihre Kleidergröße bei 36 bis 38. Da Informationen des Langzeitgedächtnisses erst viel später verblassen, war sie nach wie vor der Überzeugung Größe 44 zu haben. Wenn Petra ihr Kleidung in der aktuell passenden Größe kaufte, wurde diese abgelehnt. Deshalb trug sie auch die selbstgekaufte Jacke, hatte den Kauf aber sofort vollkommen vergessen und behauptete, die Jacke vor Jahren gekauft zu haben. Als die Rechnung für die Jacke unglücklicherweise im Altenheim ankam, geriet Jette in Panik und berichtete mir völlig aufgelöst am Telefon: „Betrüger haben mir einfach eine Rechnung geschickt, aber ich habe doch nichts gekauft!"

Wie reagiert man auf so etwas? Meine erste Antwort „Darum habe ich mich schon gekümmert" schlug völlig fehl. „Du kannst so eine Rechnung doch nicht bezahlen, ohne mit mir gesprochen zu haben. Ich habe keine Jacke gekauft. Daran würde ich mich erinnern." Nach einigem Hin und Her konnte ich Jette dann doch überzeugen mit der Firma telefoniert zu haben und dass alles ein Missverständnis gewesen sei.

Danach habe ich die Rechnung überwiesen. Ein Beispiel, wie wichtig eine Postumleitung ist, auch wenn diese nicht immer funktioniert.

Durch Jettes eigene Shoppingtouren im Ort, die Einkaufsmöglichkeiten im Pflegeheim und die organisierten Einkaufstouren in die Supermärkte, vermisste Jette zunehmend Bargeld. Sie wurde bis zu 20-mal täglich im Büro vorstellig und verlangte die komplette Auszahlung ihres Guthabens. Außerdem lief sie durchs Haus, verlangte von jedem Mitarbeiter, mich unverzüglich anzurufen und wenn sich irgendjemand zu einem Anruf breitschlagen ließ, wies Jette mich an ihr sofort Bargeld zu bringen.

Ursächlich für ihre Angst und zeitweise Panik, ohne Bargeld und mittellos dazustehen, waren sicherlich die Nachkriegserinnerungen. Mit dieser Begründung versuchte ich den Verantwortlichen des Pflegeheims auch zu erklären, warum Jette ab 22 Uhr Beutezüge durch das Haus unternahm, um Obst, Süßigkeiten und Eiscreme in ihrem Zimmer zu horten. Die Flucht aus Ostpreußen und die Entbehrungen nach dem Krieg haben nicht nur Jette bis ins Alter geprägt. Ich kenne diese Angst auch von anderen Menschen dieser Generation, die immer etwas für schlechte Zeiten auf dem Sparbuch haben müssen, eine Vielzahl von Einmachgläsern gegen den eventuellen Hunger horten und Kohlebriketts, oft zusätzlich zur Erhöhung der Brenndauer in Zeitungspapier eingewickelt, gegen eventuelles Frieren im Keller stapeln. Die kargen Jahre müssen prägend im Langzeitgedächtnis gespeichert worden sein und gerade bei dementen Menschen kommt diese Erinnerung immer wieder ins Bewusstsein, da sie sich nur noch an diese Zeit erinnern.

Ein Pflegedienstleiter verglich Alzheimer einmal mit einem Bücherregal, aus dem nach und nach alle Bücher der Erinnerungen herausfallen. Die in den oberen Regalböden stehenden Bücher, mit den Kurzzeiterinnerungen, fallen als erstes heraus.

Ab und an bleiben herunterfallende Bücher an einem weiter untenstehenden Buch mit Langzeiterinnerungen hängen und verschmelzen mit diesem zu einer irrealen neuen Erinnerung. Niemand weiß wann welches Buch herabfällt, aber nach und nach tun sie es alle.

Jettes Diebstähle, von Geschirr aus einem Gemeinschaftraum für festliche Anlässe, konnten analog erklärt werden, denn sie hielt es für das eigene, und wirklich sehr ähnliche, Geschirr. Sie hatte es über Jahre für viel Geld zusammengekauft, war sehr stolz darauf und bot es uns häufig mit den Worten „Das war recht teuer" als Erinnerung an Sie an.

Kapitel 22

Wenn wir Jettes Zimmer inspizierten oder ihre Toilettenartikel auffüllen mussten, war es besser, sie war nicht dabei, denn gemeinsam in ihren Schränken nachzuschauen war ihr sehr unangenehm. Ob etwas fehlte konnten wir sie ja nicht fragen. So gab es nur zwei Möglichkeiten Jette mit dem Notwendigen zu versorgen, ihre Beute an Kaffeegeschirr an die Pfleger zurückzugeben, gehortete und verdorbene Essensreste zu entsorgen und fehlgeleitete Post zu finden.

Entweder mit einer Rollenverteilung, bei der ich sie mit Campari an die Fensterfront lockte, mit einem Gespräch ablenkte und Petra unbemerkt ins Zimmer schlich. Oder wenn wir vorab vom Pflegeheim über einen Ausflug oder ähnliches informiert wurden und während Jettes Abwesenheit in ihr Zimmer gingen. In beiden Fällen mussten wir uns einen Generalschlüssel beim Pflegepersonal erbitten, was teils mit einem hohen Zeitaufwand verbunden war, da die Pflege mit anderen Tätigkeiten beschäftigt und daher schwer zu finden war. Einen eigenen Zimmerschlüssel händigte man uns aus rechtlichen Gründen zunächst nicht, den Zweitschlüssel für den neben der Zimmertür montierten Briefkasten schon.

In ihrem Zimmer fanden wir, in Geldbörsen, in der Handtasche und in den Schubladen, immer wieder Geldscheine, die wir wieder auf das Taschengeldkonto einzahlten. Jette hortete, wie schon in ihrem Haus, überall Münzgeld.

Sie bezahlte wahrscheinlich stets mit Scheinen, um durch Fehler beim Bezahlen an der Kasse nicht aufzufallen. Das Kleingeld tauschten wir in Scheine um und zahlten es auch auf ihr Konto ein.

Wir fanden auch immer wieder neue schriftliche Anweisungen zu ihrer gewünschten Beisetzung und zu den Veranstaltungsterminen im Heim.

Um ihre Pflanzen im Zimmer und auf dem Balkon kümmerte sich Jette vorbildlich, das Badezimmerfenster war stets zum Belüften gekippt und immer hingen viele Kleidungsstücke zum Lüften ordentlich auf Bügeln am offenen Fenster.

Wie auch schon in ihrem Haus verteilte Jette ihre Kleidung aber überall. In jeden Schrank und in jede Schublade wurden Schuhe, Unterhosen und alles andere hineingestopft. Nach wie vor verstand Jette den Sinn der Beutel für Schmutzwäsche nicht, wusch diese selbst im Waschbecken oder versteckte sie im Schrank.

Wenn ich neben einer fast leeren Flasche Duschgel eine neue Flasche platziert hatte, fand ich diese oft unbenutzt beim nächsten Mal in irgendeinem Schrank. War ich nicht rechtzeitig zur Kontrolle bei Jette, stand in der Dusche die leere Flasche und das Heim bat uns Duschgel zu besorgen. Das Öffnen der Schränke eines Heimbewohners, zum Sammeln der Schmutzwäsche, und die Entsorgung und Versorgung mit eingelagerten Pflegemitteln ist auch für das Personal problematisch, da dies dem Recht auf Selbstbestimmung und dem Persönlichkeitsrecht widerspricht. Das mag sein, aber ich halte dies auch für eine Ausrede, da wir immer wieder schriftlich unser Einverständnis für eine Schranköffnung gaben.

Während Jette auf einem längeren Ausflug des Pflegeheims war, konnten wir noch gründlicher schauen und fanden sehr stark verschmutzte Hosen in Jettes Schrank, die in ihrem damals 22 Monate währenden Aufenthalt im Heim noch kein Namens-Label bekommen hatten und somit in der ganzen Zeit auch nicht gewaschen wurden.

Teilweise verschwanden Dinge, die wir vergeblich in ihrem Zimmer suchten und tauchten dann wieder aus dem Nichts auf. So war ihre Handtasche zeitweise verschollen und tauchte nach Wochen im Kleiderschrank, hinter gestapelten Pullis, wieder auf.

Auch ihr Schlüsselbund mit dem Zimmerschlüssel, dem alten Autoschlüssel und dem Schlüssel ihres Hauses war verschwunden. Eine wochenlange Suche war erfolglos, aber eines Tages schloss Jette ihr Zimmer wie selbstverständlich wieder damit auf.

Es verschwanden aber auch dauerhaft Gegenstände. Die Armbanduhr, mit der Jette ins Heim kam und auch die deswegen angeschaffte Ersatzuhr. Besonders erschüttert waren wir über den zwischenzeitlichen Verlust eines wertvollen Armreifs aus Weißgold. Eines Tages trug Jette ihn nicht mehr und hatte stattdessen einen billigen Modeschmuck-Armreif und eine wie von Kinderhand geknüpfte Perlenkette am Handgelenk. Dies war vermutlich ein geplanter Austausch durch einen Externen, für uns ein gemeiner Betrug an einer Wehrlosen und einfach nur unfassbar.

Unterhält man sich mit Angehörigen von Bewohnern unterschiedlicher anderer Heime, scheint Diebstahl im Heim nichts Besonderes zu sein. Natürlich ist es für das Pflegeheim sehr schwer zu kontrollieren, ob Bewohner etwas verlegen, gegenseitig Dinge tauschen oder bei Aktivitäten außerhalb des Heims etwas verlieren, verkaufen oder eintauschen. Nachdem wir die Leitung des Pflegeheims über das Abhandenkommen des Armreifs informierten, trug ihn Jette auf einmal wieder, der Modeschmuck war verschwunden, tauchte dann wieder auf und der teure Armreif blieb endgültig verschwunden.

Kapitel 23

Die Kommunikation mit an Alzheimer oder an Demenz erkrankten Menschen ist eine große Herausforderung. Jeder Mensch, und somit auch jeder Patient, ist unterschiedlich, sodass es keine generelle Universalanleitung für die Gesprächsführung mit diesen Menschen gibt.

Da sie trotz ihrer Erkrankung registrieren, ob sie unfreundlich oder herablassend behandelt werden, ist es wichtig ihnen stets freundlich und respektvoll zu begegnen. Sie können nicht verstehen, wenn ein Gesprächspartner ungeduldig, mit erhobener Stimme oder genervt agiert. Sie reagieren dann gestresst und die Unterhaltung eskaliert schnell. Es ist wichtig die Sorgen und Nöte der Patienten, so lapidar sie auch erscheinen mögen, ernst zu nehmen. Dementiell veränderte Menschen können die emotionale Ebene oft nur sehr schwer steuern und so kommt es schnell zu Wut, Empörung und Aggression.

Die Amerikanerin Naomi Feil hat in den 60er und 70er Jahren eine heute inzwischen etablierte Gesprächstechnik für die Kommunikation mit Alzheimer- und Demenzpatienten entwickelt. Die sogenannte Validation kombiniert dabei verbale und nonverbale Kommunikationsanteile, schafft so einen Zugang zum Patienten und reduziert dessen Stresslevel. Fragen Sie immer „Was?", „Wo?", „Wer?" oder „Wann?". Niemals „Warum?" oder „Weshalb?".

So haben die Menschen leichter die Möglichkeit, ohne komplizierte Begründungen zu antworten oder auch aus ihrer noch präsenten Vergangenheit zu erzählen.

Zeigen Sie Interesse für das Gegenüber und spiegeln Sie dessen Aussagen, Körperhaltung und Mimik. Durch dieses Nachahmen und durch Bestätigung fühlen sich die Menschen verstanden. Konfrontieren sie das Gegenüber nicht mit seinen Handicaps oder Schwächen, da dies jedem Menschen unangenehm ist.

Das hört sich alles sehr theoretisch an, daher helfen vielleicht ein paar Beispiele:

• Jette fragte uns immer und immer wieder, wieso Petra sie nicht in einem ihrer Altersheime in unserer Nähe unterbringen würde. Wie sie auf die Idee kam, dass meine Frau in dieser Branche arbeiten würde, wissen wir nicht. Eine Parallele zu der angeblich als Pflegerin tätigen Nachbarin im Harz, die in Wirklichkeit aber im Verkauf arbeitete. Sie hier zu korrigieren, führte nur zu Verwirrung. Es spielte tatsächlich auch keine Rolle, ob sie hier einem Irrglauben unterlag oder nicht. Deshalb antworteten wir stets: „Natürlich bemüht sie sich die ganze Zeit darum. Aber du weißt ja selbst, da gibt es Wartelisten und wir müssen geduldig sein." So nahmen wir ihre Sorgen ernst und gaben ihr die Sicherheit, an ihrem Problem zu arbeiten. Der einmalige Versuch Jette zu korrigieren schlug entsetzlich fehl.

• Generell half es bei unerfüllbaren Wünschen als Verzögerungsgrund höhere Mächte anzugeben. „Wir können aktuell nicht zu dir nach Hause fahren, es liegt doch so viel Schnee." Im Sommer war es dann viel zu warm. Wenn Jette ungehalten war, weil meine Mutter sie ihrer Meinung nach lange nicht besucht hatte, reagierte ich mit „Jette, Mama liegt doch aktuell mit Grippe im Bett, aber sie freut sich, dich schon bald zu besuchen." Sie an deren Besuch vom Vortag zu erinnern, hätte auch nur zu einer Panikreaktion wie „Daran könnte ich mich doch erinnern!", geführt.

• Beschwerte sich Jette über den Heimaufenthalt und wollte dort nicht mehr bleiben, so fragte ich: „Was fehlt dir denn?" Wie schon berichtet, war es ihr Wunsch, einfach am normalen Leben teilzunehmen und sie machte es daran fest einen Cappuccino trinken gehen zu können. Auch hier brachte es nichts an den gewesenen Cafébesuch zu erinnern.

Stattdessen legte ich ihr die Hand auf die Schulter und sagte: „Petra wollte sowieso einmal mit dir zusammen in die Stadt fahren und schauen, was du noch an Kleidung brauchst. Sie kommt die nächsten Tage vorbei und dann könnt ihr noch schön einen Cappuccino trinken gehen."

• Findet man einfache und nachvollziehbare Erklärungen für Missstände, werden diese einfacher akzeptiert. Es brachte den Angestellten des Pflegeheims nichts, mit Jette über die Höhe der Auszahlung vom Taschengeldkonto zu streiten oder darauf hinzuweisen, dass sie eine Stunde zuvor schon einmal nach Geld gefragt hatte. Lag die letzte Auszahlung bereits etwas zurück, dann half die Aussage: „Ich kam noch nicht zur Bank, um die Kasse aufzufüllen. Ich habe einfach zu viel Arbeit, es tut mir leid, wenn Sie dadurch Probleme bekommen. Es sind aber noch 10 Euro in der Kasse. Die gebe ich Ihnen, bevor jemand anderes kommt." Hatte Jette bereits zuvor eine Auszahlung erhalten wurde abgewandelt „… Daher ist nichts in der Kasse. Aber ich helfe Ihnen gerne zu schauen, ob sie noch Geld im Portemonnaie oder der Tasche haben." Diese Vorgehensweise wurde durch einige Mitarbeiter, aufgrund der notwendigen Lügen, zunächst ablehnt, auf mein Drängen dennoch getestet und führte dann zu einer Entspannung beim Thema Geld.

• Kam Jette auf eine Lösung, war es niemals gut ihr zu widersprechen. Da meine Mutter einige Zeit nicht so gut zu Fuß war, riet ihr Jette doch einen Gehstock zu benutzen. Die als Scherz gemeinte Antwort „Nein, ich bin doch noch zu jung für einen Stock!" führte zu einer schnell eskalierenden Diskussion: „Na, das ist doch nicht zu schwer zu kapieren, dass man als Fußkranker einen Stock benötigt!" Meine Intervention „Was meinst du denn für einen Stock?" beschwichtigte Jette noch nicht ganz, brachte sie aber aus dem Konzept und signalisierte ihr, an ihrem Rat interessiert zu sein.

Ihre Antwort „naja vielleicht so Walking-Stöcke" kommentierte ich mit „Na das ist ja eine super Idee!", die Situation war gerettet und Jette erzählte auf mein Nachfragen von ihrem Lauftreff im Harz.

- Generell versuchte ich zu Jette immer zugeneigt zu sprechen, ihr in die Augen zu schauen, ihr ab und an verständnisvoll an die Schulter zu fassen oder bei Seelenschmerz ihre Hände zu nehmen. Jette hatte Menschen früher nie gerne umarmt. Seitdem sie im Pflegeheim war, hatte sich das geändert. Sie umarmte Petra, meine Mutter und mich bei jedem Besuch mehrere Male. Besonders beim Abschied. Das gab ihr wohl Geborgenheit, das Gefühl von Nähe und Sicherheit, in ihrer Situation nicht alleine zu sein. Die Suche nach Nähe beobachtete ich auch bei vielen anderen Patienten.

Die beschriebenen Taktiken anzuwenden ist schwierig, wenn weitere Personen anwesend sind, wie in den Beispielen „Harley Davidson-Shirt" oder „Walking-Stöcke". Aber es kann noch komplizierter werden. Als wir zusammen auf einem Dorffest waren, erkannte eine Mitarbeiterin des Pflegeheims meine Tante, begrüßte sie und meinte: „Wir kennen uns doch!" Als Jette dies verneinte, lies die Mitarbeiterin nicht locker. „Aber ich habe Ihnen doch gestern Abend ein Toast Hawaii gemacht!" Reagierten solche Mitmenschen nicht auf irgendwelche Hinweise, half es, Jette von ihnen zu separieren oder deren Redefluss zu unterbrechen. Um so bewusst agieren und reagieren zu können, braucht man lange. Es gab viele Rückschläge, ich musste oft improvisieren, dann wieder zurückrudern und neu argumentieren, bis ab und an etwas so funktionierte wie es die Gesprächstaktik Validation vorsieht. Aber es gab viele Situationen, in denen ich überfordert war, unüberlegt und rein intuitiv reagierte oder auch ganz einfach alles falsch machte.

Kapitel 24

Jette, die mir einst riet einen Drachen mit einem ganz langen Schweif zu kaufen und ihn an einem schönen Herbsttag auf den abgeernteten Felden mit meinem Sohn fliegen zu lassen, gab es nicht mehr.

Oder doch? Nach mehr als zwei Jahren im Pflegeheim und eindeutigen Anzeichen ihrer fortschreitenden Alzheimer-Erkrankung, überraschte uns Jette an manchen Tagen mit einer beeindruckenden und fast unheimlichen Klarheit. Bei jedem Besuch stellte sie im Minutentakt ihre Routinefrage: „Was gibt es Neues bei euch zu Hause?" Daraus entstanden meistens Gespräche über die bekannten Standardthemen, aber ab und an überraschte sie uns. So fielen ihr an einem Abend spontan die Orchideen in ihrem Garten ein, sie bat uns sie zu pflegen und am besten für unseren eigenen Garten auszugraben.

Ein anderes Mal sprach sie von O. W., verwechselte zwar im Erzählen hin und wieder die Nachnamen ihrer Ehemänner, konnte aber noch Einzelheiten ihrer damaligen Fahrten nach Hannover berichten. Und Jette überraschte mich während einer der vom Pflegeheim organisierten Einkaufsfahrten tatsächlich einmal mit einem spontanen Besuch in meinem Fotostudio.

Einmal sprachen wir sogar sehr offen und sachlich über die Notwendigkeit ihrer Unterbringung im Pflegeheim. Jette bezeichnete in vielen Gesprächen die Variante, nochmals allein in ihrem Haus zu wohnen, als Blödsinn. An jenem Tag gab sie jedoch offen zu, Probleme mit ihrem Gedächtnis festgestellt zu haben und bezeichnete es als absolut sinnvoll nun unter Aufsicht zu sein.

Inzwischen erkannte sie uns nur selten am Aussehen. Sprachen wir sie mit „Hallo Jette!" an, war sie über den unerwarteten Besuch jedes Mal sehr freudig überrascht, sprach uns aber nicht mehr mit unseren Namen an.

Jette lief an einem Nachmittag, ohne sie zu erkennen, an Petra vorbei, als diese mit einer Pflegerin sprach, erkannte sie aber ein anderes Mal, trotz hoch gestelltem Kragen und Abstand, bei einem unserer Ablenkungsmanöver zur Zimmerkontrolle.

Als ich Jette einmal nachmittags besuchte, saß sie bei Kaffee und Kuchen neben ihrem Tischnachbarn Herrn Lippert im Speisesaal. Ich winkte ihr mehrfach zu und ging wortlos auf sie zu. Als ich direkt vor ihr stand, erkannte sie mich immer noch nicht und fragte wer ich sei.

Generell lies ihre mentale Leistungsfähigkeit nach 15 bis maximal 20 Minuten Gesprächsdauer, oder durch Alkohol, abrupt und deutlich nach. Störungen durch andere Heimbewohner, die wie Zombies durch die Gänge liefen und sich häufig einfach neben uns stellten, machten sie wütend, brachten sie aus dem Konzept, verursachten Stress und reduzierten die Gesprächsdauer deutlich.

Negative Emotionen konnte Jette oft nicht durch die Ratio zügeln, wenn sie aus unerfindlichen Gründen wütend wurde. Dann konnte sie auch richtig böse werden und schimpfen: „Du lügst mich an, ich kann gar keinen Unfall mit einem Ford gehabt haben, weil ich immer nur eine rote Ente fuhr!" Oder: „Petra hat mir nur die schäbige Kleidung für Gartenarbeit und nicht meine gute Kleidung gebracht. Du lügst mich an!"

Auch wenn es abgedroschen klingt, sie konnte nichts dafür. Die Dämonen im Kopf eines Alzheimer-Patienten müssen furchtbar sein.

Die Gedanken kreisen stets um die gleichen Themen, während keine Erinnerungen an Freude, eine Abwechslung oder schöne Erlebnisse des Alltags für mehr als ein paar Sekunden bleiben.

Jette konnte sich nie an Ausflüge, an die wöchentliche Einkaufstour zum Supermarkt, an Feste im Heim, an Restaurantbesuche oder auch Besuche von Freunden erinnern. Das bedeutet auch, dass man einem Alzheimerpatienten nur schwer eine dauerhafte Freude mehr machen kann.

Ich brachte Jette häufig etwas zum Naschen oder kleine Zimmerpflanzen mit, was aber auch zu Irritationen hinsichtlich ihrer Verweildauer im Heim führen konnte. Wie auch die jahreszeitbedingten Neubepflanzungen mit Blumen auf ihrem Balkon.

Jettes grundlegende Charaktereigenschaften veränderten sich nie. Ihr Witz, ihr Sarkasmus, ihre Großzügigkeit, ihr Opportunismus, ihr Gerechtigkeitssinn und ihre Tiefgründigkeit blieben, wie auch ihre Lebenseinstellung, geprägt durch Erfahrungen ihres Lebens, so wie ihre Liebe zur Natur, zur Sprache und zur Musik. Inzwischen bin ich sicher, dass auch die Erinnerungen bleiben, aber nicht mehr abrufbar sind und im Verborgenen liegen. Essentielle Erinnerungen sind am längsten verfügbar, trotz fortgeschrittener Erkrankung, so wie bei Jette an ihren Vater, ihre Mutter und Reiner.

Das gilt auch für neue wesentliche Erinnerungen. Wo der Taster zum Öffnen der Ausgangtür ist. Welches das eigene Zimmer ist. Wann die Essenzeiten sind. Dazu rechne ich auch Jettes innere Sicherheit, dass wir uns um sie kümmern.

Aber machen wir uns nichts vor, Alzheimer ist eine furchtbare Krankheit, die jede Erinnerung auffrisst. Auch die Erinnerung an uns.

An meine Mutter. Sie ging bei Heimbesuchen vor der Fahrt nach Hause stets auf die Toilette in Jettes Zimmer, war dann sofort vergessen und Jette erschrak, wenn sie wieder aus dem Bad kam.

An Petra. Als sie sich einmal bereits verabschiedet hatte und vom Auto nochmals zurück ging, wurde sie von Jette mit den Worten, „Wie schön, dass du mich auch einmal besuchst", begrüßt.

Ja, und auch ich bin sofort vergessen. Woher die Campari-Fläschchen kamen, wusste Jette nicht und behauptete gegenüber meiner Mutter: „Die kaufe ich mir immer selbst."

Und als ich bei einem gemeinsamen Besuch mit Petra früher gehen musste, ließ Jette mir Minuten später einen Gruß ausrichten: „Es wäre schön, wenn Christian mich auch einmal besucht."

Epilog

Heute flogen die ersten Kraniche über unser Haus gen Norden und Jette hat mir beim Schreiben der letzten Seiten besonders häufig gegen mein Schienbein getreten.

Jette, Du erinnerst dich fast nicht mehr an Dein Leben und daher habe ich mir Mühe gegeben, es in diesem Buch nochmals für Dich und andere zu erzählen.

Bald wirst Du mich gar nicht mehr erkennen. Du wirst Schwierigkeiten mit dem Essen und Trinken bekommen, viel mehr schlafen, dafür immer weniger sprechen und allgemein schwächer und anfälliger für Krankheiten werden.

An Alzheimer stirbt man nicht, aber falls Du keinen erlösenden Herzinfarkt oder Schlaganfall hast, wirst Du mit großer Wahrscheinlichkeit an einer Infektionskrankheit wie Lungenentzündung oder einer anderen Atemwegsinfektion sterben, weil Dir das Schlucken immer schwerer fallen wird und deshalb Sekrete oder Speisereste in Deine Lunge geraten. Die Risiken einer Harnwegsinfektion, eines sturzbedingten Knochenbruchs oder Nierenversagens sind krankheits-bedingt auch sehr hoch. Leider steht Dir, statistisch gesehen, ziemlich sicher eine Inkontinenz bevor.

So entsetzlich es ist, Du könntest zu einem der Zombies mutieren, die durch Dein Pflegeheim laufen und Dich immer so wütend machen. Dann wirst Du gar nichts mehr verstehen. Oder Du wirst irgendwann in Deinem Bett liegen, da sich Deine Muskeln und Gelenke versteifen. Dieser Tage starb Deine Zimmernachbarin, nur noch Haut und Knochen, zusammengerollt im Bett. Die Tür stand offen, ich musste stehen bleiben und in das Zimmer hineinsehen. Da lag die alte Frau, eine Pflegerin hielt ihre Hand und sagte zu mir: „Das ist das Ende dieses Weges."

Über das Ende Deines Weges haben wir vor langer Zeit gesprochen und in der Vorsorgevollmacht festgehalten was wir für Dich tun sollen und was nicht.

Wie lange es bis dahin noch dauert, ist ungewiss. Im Normalfall leben Menschen mit Alzheimer zwischen 3 und 11 Jahre nach der ersten Diagnose, es können aber auch bis zu 20 Jahre sein. Die Lebenserwartung hängt natürlich auch vom Alter des Patienten ab und in welchem Stadium Alzheimer diagnostiziert wurde.

Wie auch immer. An dieser Stelle endet dieses Buch. Den Weg, der nun noch vor Dir liegt, gehen wir zusammen, aber ohne Leser.

Jette, ganz ehrlich, ich habe Angst vor diesem Weg.

Und ich habe eine Heidenangst selbst an Alzheimer zu erkranken.

"Die Grundlage aller menschlichen Ängste, dachte er. Eine geschlossene Tür, leicht angelehnt."

Stephen King, aus „Brennen muss Salem"

Hinweise

- **Bitte lassen Sie sich bei allen rechtlichen und ärztlichen Fragen und Entscheidungen unbedingt individuell von Spezialisten beraten, da ich weder Rechtsanwalt oder Notar noch Arzt, Neurologe oder Psychiater bin.**

  Viele Vorschriften oder Gesetze sind nicht bundeseinheitlich geregelt und ändern sich im Laufe der Zeit. Überprüfen Sie auch, ob die angegebenen Werte in Tabellen und andere Berechnungen aktuell sind, auf Ihren Fall zutreffen und korrekt sind.

  Sprechen Sie hierzu auch mit der Pflege- und Krankenkasse.

  Ich übernehme keine Haftung für jegliche Schäden.

- Viele Angaben und Einschätzungen in diesem Buch basieren auf meiner individuellen Erfahrung. Es mag sein, dass meine Vorgehensweise und mein Umgang mit Alzheimerpatienten keine universell anwendbaren Methoden darstellen.

  Jeder Patient ist unterschiedlich, reagiert individuell und hat eine spezifische Krankheitsgeschichte.

- Ich möchte mit dieser Geschichte und der Darstellung von Personen niemanden verletzen oder respektlos behandeln. Wenn Sie sich dennoch unangemessen behandelt fühlen, versichere ich Ihnen, immer in bester Absicht gehandelt zu haben.

- Ich gehe ebenso von einem Handeln in bester Absicht von allen Personen aus, die in diesem Buch erwähnt wurden.

- Die Namen der handelnden Personen nach 1945 und außerhalb meiner Familie „Konschewski" wurden aus Datenschutzgründen geändert.

- Bei der Beschreibung von Unzulänglichkeiten dementiell veränderter Menschen habe ich die mir selbst gesetzte rote Linie nicht überschritten.

  Manche Dinge gehen niemanden etwas an. Daher wurden viele Erlebnisse nicht geschildert oder Details ausgelassen. Um Alzheimer realistisch darzustellen, kam ich aber nicht umhin, Beispiele zu nennen, die verstörend sein können.

- Auch wenn alle Recherchen zu diesem Buch mit größtmöglicher Sorgfalt durchgeführt wurden, können mir Fehler unterlaufen sein.

  Wenn Ihnen ein solcher auffällt, geben Sie mir bitte einen Hinweis.

- Die im Buch enthaltenen Tabellen und das Ostpreußenlied wurden aus offiziellen Quellen zusammengetragen.